JARDINERÍA
BIO

Jardín
con poca agua

LAROUSSE

EDICIÓN ORIGINAL

Dirección editorial: Catherine Delprat

Edición: Sylvie Cattaneo-Naves, con la colaboración de Laurence Alvado

Dirección artística: Emmanuel Chaspoul

Concepción gráfica: Emmanuel Chaspoul

Iconografía: Sylvie Cattaneo-Naves

EDICIÓN ESPAÑOLA

Dirección editorial: Jordi Induráin Pons

Edición: M. Àngels Casanovas Freixas

Traducción: Imma Estany Morros

Corrección: Àngels Olivera Cabezón y Jordi Font Barris

Maquetación y preimpresión: Digital Screen, servicios editoriales

Cubierta: Mònica Campdepadrós

© 2010 Éditions Larousse
© 2012 LAROUSSE EDITORIAL, S.L.
Mallorca 45, 3.ª planta – 08029 Barcelona
Tel.: 93 241 35 05 – Fax: 93 241 35 07
larousse@larousse.es – www.larousse.es

ISBN: 978-84-15411-28-4
Depósito legal: B. 4249-2012
1E1I

Jardín
con poca agua

Patricia Beucher

LAROUSSE

Sumario

Introducción

La necesidad de ahorrar agua durante unos veranos que a menudo son muy secos y el deseo de unas vacaciones estivales tranquilas nos llevan a buscar soluciones a este reto actual, tanto ecológico como económico. Sin embargo, en un país donde la pluviosidad anual media es de unos 650 l/m^2, lograr un jardín con un riego mínimo no es un propósito imposible.

Ante todo, es una cuestión de elegir bien

Numerosas plantas hermosas crecen en tierras difíciles y resisten los climas más secos. Tanto los suelos áridos, calentados por el sol, como los secos y umbríos pueden convertirse en un paraíso con las plantas adecuadas. Pero saberlas seleccionar no es solo cuestión de botánica: las plantas que se cultivan en condiciones duras son mucho más fáciles de aclimatar en un jardín escaso en agua que las opulentas, de follaje exuberante. Saber darles todo lo que necesitan para que se adapten cómodamente y reanuden muy pronto su crecimiento es garantía de éxito.

Hay que adoptar técnicas de cultivo aún poco extendidas

Empiece por el acolchado, que le sorprenderá por su eficacia, incluso en las plantas en macetas –siempre ávidas de agua–, y le ahorrará no solo la tarea de regar, sino también las de escardar y quitar las malas hierbas, a la vez que enriquece el suelo en humus, un elemento esencial para conseguir un precioso jardín de escaso riego.

Saber comprar plantas rústicas

Elegir plantas «bien cultivadas»

Comprar plantas en flor que estén preciosas en cuanto se planten es una tentación a la que cuesta resistirse. Pero si el jardín se riega poco o si usted se va a ir de vacaciones antes de que las nuevas plantas hayan arraigado bien, su bella imagen tal vez no dure mucho, ya que la aclimatación de los ejemplares en plena floración es más difícil que si se plantan durante el periodo de reposo. No obstante, logrará buenos resultados con plantas cultivadas con esmero, bien controladas y si el suelo no está expuesto a pleno sol ni al viento.

COMPRAR PLANTAS DE CALIDAD

> Sopese la maceta. El peso de la maceta es garantía de calidad, independientemente de que la planta sea anual o arbustiva. Incluso si se trata de una plántula en una maceta de plástico, debe advertir su peso al levantarla.
> Si le parece ligera, es señal de que le falta agua o bien de un cultivo en una tierra pobre. En ambos casos,

a la joven planta estresada le costará aclimatarse. La falta de riego desencadena la floración, un reflejo para sobrevivir. La planta genera semillas para perpetuar la especie, lo que resulta nefasto para las flores anuales, que de este modo realizan todo su ciclo –ya de por sí breve (lo que dura el buen tiempo)– de forma acelerada. Del mismo modo, una tierra pobre y demasiado ligera

Para elegir bien una planta, tómese tiempo y observe los ejemplares con atención.

En macetas altas, las vivaces desarrollan más raíces y resisten mejor la sequía.

requiere unas atenciones que un jardinero aficionado no puede proporcionar, ya que en general se trata de un terrón de turba saturado de abonos que requerirá un riego diario, así como aportes de abonos líquidos, de dosificación más delicada.

> **Pero cuidado,** en ocasiones, una tierra mediocre a base de turba parda parece pesada, ya que cuando está saturada de agua esta turba oscura pesa mucho. No obstante, se trata de una trampa, puesto que al secarse adquiere la textura de un pastel seco, un verdadero cerco que asfixia las raíces. En esta fase es impermeable. Lo más sensato es trasplantar rápidamente las plantas en una mezcla de calidad a base de tierra vegetal de marca y tierra de jardín.

> **Algunos centros de jardinería** usan macetas más hondas de lo normal para lograr un crecimiento máximo de las raíces. Si su jardín se halla en un clima seco, elija este formato, aunque le resulte más caro. Le garantiza una adaptación excelente en las condiciones más difíciles.

ZOOM DEL VELLO Y EL PORTE

> **Solicite ver el terrón de raíces:** debe parecer compacto, con una red densa y, sobre todo, no enmarañada

Rosales resistentes

Los rosales antiguos, creados hasta la década de 1930, son los más rústicos, mientras que las creaciones contemporáneas requieren un suelo rico, húmedo y bien cuidado. Todos los rosales están injertados, como se hace patente en la cicatriz visible en la base de las ramas. Atención: un **reborde** abultado (abajo) indica una mala soldadura entre las raíces y las ramas, así como una posible fragilidad ante los avatares del cultivo. Averigüe el tipo de **portainjertos** utilizado: solo el escaramujo resiste las sequías fuertes. El más habitual, *Rosa multiflora*, apreciado sobre todo para injertar los rosales que se venden en flor, no soporta los suelos calizos o secos, un defecto importante para los rosales cultivados en macetas, particularmente sensibles a la sequía. Por desgracia, solo los especialistas garantizan el portainjertos, información que aparece en la etiqueta.

en un gran nudo en la base de la maceta, indicio de que la planta ha permanecido en ella demasiado tiempo. Tenga en cuenta que las coníferas nunca se adaptan cuando presentan este defecto.

> **El porte de la planta debe ser armonioso,** aunque la elija en período de reposo. Las ramitas rotas o las ramas marchitas o mal distribuidas son señal de una planta en mal estado. Si se trata de un arbusto o de un árbol, este será un criterio primordial, ya que aunque lo cultive en las mejores condiciones y lo pode bien, no adquirirá el bello aspecto de cuando el ramaje está distribuido de manera armoniosa desde joven.

Seleccionar plantas de escaso riego

No siempre es fácil valorar la capacidad de adaptación de una bella desconocida en una forma de cultivo con poco riego, ya que salvo los escasos especialistas en jardines secos, ¡a menudo encontramos plantas de escaso riego junto con otras que precisan abundante agua!

¡CUIDADO CON LAS TRAMPAS!

> **¡Desconfíe de las plantas que se venden mezcladas!** Por ejemplo, gazanias, *Osteospermum* o *Anthemis* (margaritas africanas muy resistentes a la sequía) se presentan cada primavera entre plantas que precisan mucho riego, como las petunias, las surfinias, *Bacopa* y otras felicias, en una mezcla cuyo aspecto exuberante no refleja en absoluto sus exigencias.

> **Conocer su origen puede guiar** al jardinero, pero este no siempre se fía de la geografía, y siente desconfianza, con razón, de la fragilidad de las mejoras hortícolas creadas a partir de ejemplares silvestres célebres por su tenacidad en matorrales y suelos áridos. La selección que logra flores más grandes, multiplica los ramos y prolonga las floraciones con frecuencia se obtiene a costa de una mayor necesidad de riego y de abonado.

REDESCUBRIR LAS CACTÁCEAS Y LAS SUCULENTAS

> **Las cactáceas y las suculentas escapan a esta regla.** Pueden desarrollarse con los jardineros más descuidados y son conocidas por su escaso riego, pero la mayoría de plantas originarias de las zonas secas del planeta, habituadas solo a fríos moderados, no siempre

¡MEJOR CON MENOS AGUA!

Bidens, dalias, felicias, fucsias, hibiscos, lobelias, mímulos, petunias de flor grande (¡las de flor pequeña son resistentes!), escaévolas y surfinias son muy bonitas y comunes, ya que su floración se renueva en primavera y verano… siempre que las reguemos 2 o 3 veces por semana, o incluso todos los días tras la puesta del sol. Pero si teme encontrar las jardineras completamente secas después de un fin de semana largo, olvídese de ellas. En cambio, **gallardas, siemprevivas, onagras, Sedum, Plumbago, salvias y yucas** *son igual de bellas que resistentes.*

Las hojas de Yucca filamentosa están rodeadas de filamentos blancos.

El abrótano hembra y el eléboro fétido (Helleborus foetidus) crecen bien en suelos pedregosos y calcáreos.

son valoradas como se merecen. A menudo tememos, y a veces con motivo, perder estas bellas exóticas si las cultivamos en una región donde los inviernos son rigurosos y lluviosos.

> **Más que las heladas,** la mayoría de plantas resistentes a la sequía no toleran la combinación de humedad y frío. Si se cultivan en un suelo de fácil drenaje, protegidas de las corrientes de aire, muchas soportan temperaturas inferiores a –10 °C. No obstante, son mucho más vivaces cuando son adultas que antes de llegar a los 2 años.

¡EN CADA FAMILIA, RASGOS DIFERENTES!

> **Algunas familias de plantas nos dejan perplejos,** ya que incluyen algunos ejemplares que se desarrollan bien con la humedad y otras especies absolutamente rústicas, con lo que, ante la duda, solemos renunciar a maravillas. Así, mientras que el lirio común (*Iris germanica*) y *Alstroemeria ligtu* crecen bien en suelos secos, *Iris Sibirica* y *Alstroemeria aurea* prefieren la humedad.

Los lirios comunes florecen profusamente en los suelos más áridos.

Estrategias de las plantas contra la sequía

Las plantas originarias de las regiones secas del planeta han desarrollado varias estrategias de resistencia frente a la carencia de agua. Incluso con ejemplares desconocidos, estas características permiten detectar los más resistentes a primera vista.

HOJAS BLANDAS

> **Unas hojas aterciopeladas,** de un tono grisáceo más que verde, reflejan al máximo la luz y el calor. Además, su vello capta la humedad nocturna. A esta categoría pertenecen, por ejemplo, los helicrisos. Esta gran familia de más de 500 especies originarias de las zonas secas de Europa, Asia y Sudáfrica muestra todos los tonos de gris. Así, el tomillo yesquero (*Helichrysum italicum*) optimiza esta táctica reduciendo sus hojas a finas agujas de un gris plateado muy claro. Por otra parte, la flor de los helicrisos, una vez ha producido las semillas, conserva unos pétalos como de papel de seda, que le han proporcionado el nombre de *inmortal*, ya que con esta flor de color beis, gris o dorado se crean encantadores ramos secos.

> **Algunas plantas,** como *Phlomis bourgaei*, se revisten de estas hojas cuando se acerca el verano, renovando sus hojas tiernas y verdes de invierno con unas más menudas, tupidas y revestidas de una gruesa capa clara aislante.

Las hojas angostas y vellosas verde-grisáceas del tomillo yesquero son características de las plantas de matorral.

¿LO SABÍA?

En épocas de sequía, todas las plantas reducen su actividad: **las hojas se crispan** (cierran sus estomas para reducir la transpiración) **y cambian de color.** Por ejemplo, el césped adquiere un tono verde claro y luego beis, para reverdecer con las primeras lluvias, y los árboles caducos dejan que sus hojas se sequen progresivamente hasta su caída prematura si la sequía se prolonga.

HOJAS CORIÁCEAS

> **Otras plantas han optado por un follaje coriáceo y pequeño,** reduciendo al máximo la transpiración en las épocas de más insolación. Es el caso, por ejemplo, del romero y la mayoría de plantas de matorral: tomillo o ajedrea. Es verde, a veces oscuro como en la ajedrea, o bien puede ser gris en plantas que crecen en las rocas, como los teucrios, por ejemplo en el luminoso *Teucrium fruticans*, originario del Mediterráneo occidental.

HOJAS CARNOSAS

> Un follaje carnoso, de aspecto ceroso, o más rara-
mente velloso, es característico de las plantas llamadas
suculentas o *plantas crasas*, tanto las de origen tropical
–agaves, aloes y cactáceas–, como las indígenas –*Sedum*
(*S. acre, S. telephium…*) y las siemprevivas (*Sempervivum*

A los geranios y las plantas crasas les gusta
el sol y un riego escaso.

La uña de gato, preparada para almacenar hasta
la última gota de agua, se encuentra a gusto al sol.

Para que desprenda todos sus aromas, el romero
debe crecer en un lugar seco y a pleno sol.

montanum, S. tectorum…). Estas plantas almacenan sus
reservas de agua en forma de jugos –de ahí el adjetivo
suculentas–, en sus hojas hinchadas como una almo-
hada impermeabilizada por un revestimiento estanco,
que reduce al máximo su transpiración en épocas de
sequía.

UNA VARIANTE: LAS PLANTAS LLAMADAS «DE CAUDEX»

> Se caracterizan ya sea por un grueso pie carnoso
a modo de depósito de almacenamiento bien aislado,
coronado por unas ramas finas (*Pachypodium, Jatropha*),
ya sea por una estructura carnosa que les confiere un
porte singular. El ejemplo más célebre es el baobab,
pero los cactus y nuestro apreciado pelargonio o geranio
pertenecen a esta categoría.

> Algunas familias presentan un amplio abanico
de follajes que ilustran la adaptación a distintos entornos, prueba de que el aspecto más o menos carnoso de
una planta es una táctica de almacenamiento contra
la sequía. Entre las euforbias, *Euphorbia palustris* es
un arbusto esbelto de hojas gráciles, mientras que la
emparentada *Euphorbia obesa*, que vive en zonas áridas
de Sudáfrica, es una verdadera bola vegetal, similar a un
cactus con delicadas figuras geométricas bordadas.

Las plantas invasoras, mejor evitarlas

Lo resisten todo, suelen crecer con rapidez y, por tanto, son tentadoras para quienes desean regar menos... Pero cuidado: resultan indestructibles y llegan a constituir una amenaza para las especies autóctonas, con las que compiten. Si decide plantarlas no se librará de ellas, e incluso pueden causar problemas a sus vecinos. Algunas ya se están combatiendo enérgicamente y algunos países han prohibido su venta. Lo mismo sucederá con algunas especies de la lista siguiente.

Acacia dealbata (mimosa)

Acer negundo (arce negundo)

Aegopodium podagraria (hierba de San Gerardo)

Ailanthus altissima (ailanto)

Allium triquetrum (ajete rizado)

Ambrosia artemisiifolia

Amorpha fruticosa (falso índigo)

Baccharis halimifolia (chilca)

Bidens frondosa

Carpobrotus acinaciformis (uña de león)

Cortaderia selloana (hierba de la pampa)

Delosperma cooperi

Fallopa japonica (hierba nudosa japonesa)

Helianthus tuberosus (aguaturma)

Heracleum mantegazzianum (perejil gigante)

Hypericum calycinum (hierba de San Juan)

Impatiens glandulifera (hierba de Santa Catalina)

Lamium galeobdolon (ortiga muerta amarilla)

Lonicera japonica (madreselva del Japón)

Ludwigia grandiflora

Myriophyllum aquaticum (cola de zorro)

Pennisetum clandestinum (kikuyo)

Polygonum polystachys

Reynoutria sachalinensis

Rhododendron ponticum (ojaranzo)

Rhus typhina (zumaque de Virginia)

Robinia pseudoacacia (falsa acacia)

Sedum spurium (sedo bastardo)

Senecio inaequidens (senecio del Cabo)

Senecio rupester

Solidago gigantea (vara de oro gigante)

Tanacetum vulgare (tanaceto)

Solidago gigantea

Rhus typhina
(zumaque
de Virginia)

Tanacetum vulgare
(tanaceto)

Delosperma cooperi

Buddleia davidii
(arbusto
de las mariposas)

Lamium
galeobdolon
(ortiga muerta
amarilla)

El jardín
de escaso riego
plantado en el suelo

Plantar en el momento adecuado

«Plantar en el momento adecuado» es una norma que aplican, por costumbre, muchos jardineros experimentados, sin ser conscientes de que esta práctica también es una buena forma de reducir la necesidad de agua de las plantas. En otoño, los vegetales de hoja caduca, al entrar en reposo, no sufren en absoluto estrés de plantación.

PLANTAR EN OTOÑO PARA TENER UN JARDÍN DURADERO…

> En nuestro clima pautado por cuatro estaciones, las plantas alternan ciclos de reposo y de actividad. Existen dos etapas de reposo: en pleno verano y desde el otoño hasta comienzos de primavera, con una duración que depende del rigor del clima local.

• En otoño, plantas vivaces, árboles y arbustos caducifolios reflejan su menor actividad con la pérdida de las hojas.

• Algunas vivaces particularmente tiernas incluso desaparecen en invierno. Es el caso, por ejemplo, de *Aster*, el corazón sangrante (*Dicentra spectabilis*), la peonía china o las dalias.

En zonas donde el invierno es suave es mejor plantar en otoño.

EL CONSEJO DEL EXPERTO

En las zonas templadas, el césped soporta muy bien los veranos secos sin riego si se siembra con **una mezcla de césped resistente de tipo «rústico».** Tan solo hay que acostumbrarse a verlo pasar a un verde claro durante el mes de julio y dejar que se seque, creando una cobertura algo tosca hasta que vuelvan las lluvias en septiembre. Ventaja: como está en reposo, ¡no hay que segarlo durante la época estival! Y en cuanto las lluvias vuelven en otoño, la planta reverdece. Después de segarlo muy corto, el césped recupera su textura suave y su aspecto agradable.

En verano, parte del césped se seca para reducir sus necesidades.

El ruibarbo necesita un suelo rico y profundo, bien acolchado en verano.

Acolchar con agujas de pino mejora el sabor de las fresas, a la vez que mantiene la base húmeda.

… Y RESPETAR EL REPOSO DE VERANO

> Con el calor, muchas plantas se marchitan para reducir su transpiración tras un mes sin lluvia. Así, vemos cómo las cariópteras, las rudbeckias, las anémonas japonesas o *Aster* tienen unas hojas marchitas que empequeñecen su porte e inspiran lástima por su aspecto abatido debido al calor.

> Otras, como los bulbos de primavera (tulipanes, narcisos, crocos o jacintos), pierden todas las hojas, que desaparecen de la superficie del suelo. Este reposo puede producirse a partir de finales de primavera en las zonas continentales, donde el calor llega de manera inmediata. Con todo, este periodo no es en absoluto adecuado para plantar. Al estrés del trasplante se suma el de la adaptación a la sequía, que será problemática aunque acolchemos bien el suelo para mantenerlo fresco, ya que el aire es muy caliente y seco, sobre todo con viento, una combinación frecuente en verano.

Los cuidados iniciales

Para las plantas de un jardín, los primeros días son cruciales. Es mejor tomarse tiempo y plantar siguiendo las reglas. Pero ¿por qué no probar técnicas de cultivo aún poco conocidas pero que han dado resultados para regar menos?

SEMILLERO O PLANTACIÓN, ¡ATENCIÓN A LOS INICIOS!

> Incluso si elegimos unas plantas bien adaptadas, hay que saber que solo algunos ejemplares resisten bien a la sequía en el periodo que va de la germinación de las semillas a su primer año de vida. Por tanto, si opta por un semillero, no se olvide de regar y proporcionar sombra a las plantas.

> Flores, rosales, arbustos y árboles trasplantados hace menos de un año también son particularmente vulnerables a la sequía en los días primaverales en que el calor es intenso entre dos etapas de mal tiempo.

> La experiencia demuestra que unas plantas bien nutridas y bien regadas durante los 3 meses posterio-res a su plantación son capaces de resistir una sequía estival mucho mejor que otras que hayan sufrido por falta de riego. Con frecuencia, esta sequía quema muy rápidamente todas las plántulas que no tienen suficiente sombra.

> En general, recuerde que si no llueve bastante, es muy importante regar bien las plantas que no hayan alcanzado la edad adulta en primavera. Una planta que arraiga sin sufrir siempre estará hermosa, pero para ello debemos acordarnos de supervisar las nuevas plantas el primer verano después de plantarlas y, sobre todo, procurar que no les falte el agua. No se vaya de vacaciones sin dar una vuelta por el jardín y realizar todos los preparativos que les permitan resistir durante su ausencia.

Si se riegan bien en primavera, los agapantos producen una magnífica floración aunque el verano sea muy seco.

Trasplantar con éxito

Si se ha encaprichado de un rosal o un geranio en flor cuando el sol calienta con justicia, no se precipite, ya que los siguientes preparativos le permitirán plantarlo cómodamente y durante mucho tiempo. El día anterior a la plantación, sumérjalo en un cubo con agua fresca hasta la base de los tallos, preferiblemente en la sombra. Manténgalo sumergido en agua durante toda la noche.

1 **Cave un hoyo** en el suelo 15 cm más ancho y más hondo que la maceta en la que viene. Cubra el fondo con media palada de compost listo para usar. Riegue copiosamente hasta que se forme barro en el fondo.

2 **Retire la planta** de la maceta, desenrede las raíces del contorno del terrón, con la ayuda de un tenedor, de manera que caiga la tierra. Coloque la planta en el hoyo, extendiendo bien las raíces. Si algunas son demasiado largas, córtelas con una incisión limpia.

3 **Llene el hoyo** con el mismo mantillo, si es posible mezclado con 1/3 de tierra de jardín.

4 **Riegue abundantemente**.

¡INTENTE PLANTAR CON UN RECALCE!

> **El cultivo en zanja o con un recalce** es una tradición en los países cálidos. Esta técnica ideada por generaciones de productores de verduras que requieren mucha agua se adapta de maravilla a las plantas ornamentales, en general menos exigentes en cuanto a agua, sobre todo si se eligen las descritas en esta obra. Así, aunque se encapriche de una planta difícil en pleno verano, tendrá muchas posibilidades de aclimatarla aplicando esta técnica.

• **Cave un hoyo 15 cm** más hondo y más ancho de lo necesario. Después de regarlo bien (debe formarse barro en el fondo), coloque la planta como de costumbre, sobre un fondo de compost, y llene el hoyo de tierra hasta el cuello. Riegue y luego cubra el hoyo con losas grandes. Una semana más tarde, vuelva a regar abundantemente después de retirar las losas y nivele la superficie. La semana siguiente, empiece a recalzar el pie después de regar.

• **Por lo general, el recalce mide 20 cm de alto por 30 cm de ancho.** Rodeadas de este modo, la mayoría de las plantas se acodan, reforzando sus raíces y, con ello, mejorando su resistencia a la sequía. Con todo, en un suelo ligero, filtrante y propenso a calentarse, convendrá acolchar la superficie del montículo para optimizar su efecto, aunque en terrenos arcillosos no será necesario.

• **Cabe señalar que esta forma de cultivo** también evita las hierbas invasoras, ya que el suelo se ha trabajado en la estación en que estas germinan masivamente.

Regar bien para regar menos

Si reduce el riego en el caso de las plantas ya asentadas, las ayudará a arraigar, ya que al regar con menos frecuencia obliga a las raíces a descender a mayor profundidad en la tierra en busca de agua. Además, ¡ahorrará considerablemente!

ELEGIR EL MOMENTO ADECUADO Y DEDICAR TIEMPO

> **Algunas personas son partidarias de regar por la mañana, al alba,** pero es preferible hacerlo al atardecer para que el agua penetre en profundidad, aprovechando el frescor de la noche.

> **Por norma general,** tómese su tiempo, dejando que el agua fluya despacio, y riegue en varias pasadas para favorecer que penetre en la tierra. Cuanto más seca esté la tierra, más despacio deberá regar, multiplicando las pasadas, ya que sobre la tierra reseca el agua se desliza sin llegar a penetrar.

Riegue las plantas sin prisas, adaptando el agua a sus necesidades.

Las ventajas de la regadera

Regar con regadera permite, sobre todo, **adaptar la cantidad de agua** a cada planta. Pero también posibilita observar de cerca las plantas, detectar enfermedades y parásitos, y cortar una flor marchita o una rama demasiado vigorosa.

Si no dispone de un rociador, emplee el pulgar...
¡si la presión no es demasiado fuerte!

que salgan nuevos brotes. A partir de entonces, riéguelas semanal y abundantemente (1 litro por vivaz, 3 litros por rosal o arbusto, 5 litros por árbol joven).

• **Las plantas de 1 a 4 años** (rosales, arbustos y árboles jóvenes) requieren un riego semanal copioso (5 litros por planta).

> **Salvo con los semilleros,** todos estos consejos de riego se aplican a plantas acolchadas, ya que un suelo desnudo evidentemente necesita mucha más agua.

¿LO SABÍA?

¡En condiciones excepcionales, métodos radicales! **Durante la canícula,** empiece rociándolas bien, lo que permitirá a las plantas absorber el agua por las hojas, y luego riegue el pie con la manguera o la regadera, sin la alcachofa.

UN POCO DE TÉCNICA

> **Evite regar con un chorro** fuerte y destructor, ya que perforará o romperá las hojas. Toda herida constituye una puerta de acceso para los parásitos.

> **No emplee aspersores automáticos,** que derrochan agua y no son selectivos.

> **No es necesario** usar un gota a gota, que ahorra agua pero resulta caro de instalar, salvo en caso de grandes plantaciones de arbustos jóvenes, y, aun así, si los acolchamos, el riego manual a pie de planta es igualmente eficaz y nos permite observar el estado del jardín mientras el agua fluye despacio.

> **Evite mojar las hojas,** puesto que la humedad crea las condiciones favorables para la aparición de enfermedades criptogámicas, y las gotas de agua pueden formar una especie de lupa a través de la cual los rayos del sol queman las hojas. A las hojas aterciopeladas no les gusta el agua y, por lo general, se conforman con un mínimo riego.

> **Utilice siempre agua a temperatura ambiente.**

A CADA PLANTA, SU RIEGO

• **Los semilleros** deben regarse siempre con la alcachofa fina, en cuanto la superficie del suelo esté seca al tacto.

• **Las plantas de menos de 3 meses** requieren un riego con manguera, al pie, 2 veces por semana, hasta

Reserve el rociado para semilleros y arbustos
persistentes de hojas lisas.

Aprovechar el agua de lluvia

¿Ha optado por la solución de un depósito al aire libre? Invierta en un recipiente de capacidad máxima para aprovechar las abundantes lluvias de primavera. Los grandes depósitos de 1 m³ de plástico con jaula metálica son los más interesantes: son sólidos y ofrecen la mejor relación calidad-precio.

ALGUNOS CONSEJOS PARA INSTALAR UN DEPÓSITO AL AIRE LIBRE

> **Puede instalar un depósito de 1 m³ o unir varios** fácilmente colocándoles un grifo metálico, mucho más duradero que los frágiles grifos de plástico que vienen con los recipientes de 100 a 500 litros. Además, la sólida jaula que protege el depósito permite sujetar un entramado sobre el que podremos hacer trepar, por ejemplo, una clemátide o una madreselva, ¡que transformará la anodina reserva de agua en un elemento evidentemente decorativo!

> **Por el contrario, cuidado con los atractivos barreños** de madera recubiertos de un plástico grueso: es casi imposible colocar un grifo sin que pierdan agua, y el plástico es muy frágil.

> **Una precaución importante:** introduzca un balón en el depósito para que el hielo no lo estropee si se olvida de vaciarlo durante el invierno.

El rebosadero de este depósito conduce el agua de lluvia a una reserva subterránea.

Instalación de un recuperador

1 **Primera precaución:** filtre las impurezas que pueden ensuciar el fondo del depósito colocando un filtro fino (tela mosquitera o un colador de cocina) en el empalme del canal con el depósito. Acuérdese de limpiarlo 2 veces al año.

2 **Sustituya el grifo de plástico** que viene con el depósito por un grifo metálico, más resistente y que no se romperá tras un año de uso.

3 **Prepare una base** con 4 hileras de ladrillo o piedra de 20 cm de ancho, con una ligera inclinación hacia delante, para que el depósito se pueda vaciar por completo.

4 **Coloque el depósito** sobre esta base.

5 **Para conectar el canal** con el depósito necesitará una sierra cilíndrica, que hace agujeros circulares. A continuación, fije

la brida en el canal y, para terminar, enrosque un grifo para utilizar una conexión automática. (Cuando el depósito esté lleno, usted cerrará el orificio haciendo girar la llave.)

6 **Clave 4 estacas** encuadrando el depósito y disimúlelas, si puede, con tablas o con un cañizo.

7 **Plante una clemátide** o *Cotoneaster horizontalis* para que recubra los lados.

Cambie los grifos de los depósitos de plástico para conectarlos con la manguera de riego.

EL CONSEJO DEL EXPERTO

Los depósitos al aire libre nunca son estéticos en un jardín, motivo por el cual se suelen camuflar bajo la vegetación. Pero tenga en cuenta que tanto los rayos ultravioleta como el hielo pueden limitar su vida útil. Por ello es preferible revestir el depósito utilizando cañizos o tablas, que actuarán a modo de pantalla protectora.

Acolchar para regar menos

El acolchado consiste en cubrir el suelo con una capa vegetal más o menos gruesa, según el tamaño de las plantas, la temporada... y lo que tengamos a mano. Esta cobertura protectora y aislante mantiene la humedad, la textura y los nutrientes, y detiene el desarrollo de las malas hierbas.

VENTAJAS DEL ACOLCHADO

> **Esta técnica tiene tres ventajas:** conserva el suelo húmedo, reduciendo el riego al mínimo una vez las plantas se han aclimatado; forma humus en el suelo, y ahoga las plantas adventicias.

> **Pese a todas estas ventajas, el acolchado** se usa escasamente por dos razones: la falta de materiales y la estética.

EMPAJADOS «CASEROS» A BASE DE RESTOS VERDES

> **Muchos jardineros se muestran reticentes** debido al coste de los materiales de compra, tan caros como una buena moqueta y que es preciso cambiar todos los años. Pero, en realidad, su jardín puede proporcionarle

Acolche las plantas jóvenes al plantarlas, y recuerde que debe aumentar el empajado.

Las ramas de las frondosas recién trituradas constituyen un acolchado nutritivo.

gratuitamente todo lo necesario, y le ahorrará el viaje al punto de recogida de residuos, ya que, aparte del coste del desplazamiento, ¡los residuos verdes aumentan la factura de los impuestos municipales!

> **Breve relación de materiales «gratuitos»:**

• **El césped segado,** que muchos jardineros se empeñan en compostar –tarea imposible–, forma un acolchado perfecto con un mínimo de trabajo. Basta con vaciar el depósito de la segadora al pie de las plantas, formando una capa de 3 a 10 cm, dependiendo de su tamaño, para obtener una alfombra suave y homogénea de un beis discreto. Otra ventaja del césped: puede disponer de él en la época ideal, en primavera, cuando el sol ya calienta pero aún no han salido las adventicias. Además, durante el verano poco a poco se transforma en mantillo.

• **Los restos de poda de setos persistentes de hoja tierna,** como por ejemplo el boj, el bonetero o *Lonicera nitida*, proporcionan lo necesario para tapizar macizos y arbustos sin tener que triturarlos, sobre todo si se ex-

Esta capa de cantos rodados de 15 cm mantiene húmedas las raíces de estas gauras, en flor todo el verano.

tienden en otoño. En este caso, durante el invierno se transforman en un humus tan blando que en primavera tendrá una tierra mullida que le permitirá plantar sin tener que entrecavar.

Una fresca capa de restos de Lonicera nitida para una verbena alta y una gaura.

• **Los restos de poda de setos más gruesos** se pueden reducir a virutas, pero solo si se trata de frondosas, caducas o persistentes, ya que las virutas de las coníferas tienen un efecto nefasto para el crecimiento de las planas. Otoño es la época ideal para colocar este acolchado, que durará al menos un año si la capa es de 5 cm de grosor o más. Si lo añade en primavera, su transformación en humus puede absorber el nitrógeno necesario para las plantas adyacentes, lo que frenará su desarrollo.

¡MEJOR CON MENOS AGUA!

¡A cada tipo de planta, su grosor de restos de césped!

A las vivaces, las anuales, los bulbos y los planteles les basta con una capa de restos de césped de 5 cm; los arbustos, las vivaces grandes, las verduras y las fresas crecen mejor con una capa gruesa, de 10 cm.

LOS ACOLCHADOS «RECOGIDOS»

- **Las hojas muertas** son muy útiles. Las mejores son las de los arces, tilos, avellanos y abedules. A medida que se vayan acumulando, úselas para formar capas de 5 cm, para que los bulbos de primavera puedan atravesar esta capa protectora. La combinación de césped y hojas muertas permite crear una capa permanente alrededor de las plantas.
- **Las hierbas de los márgenes de los caminos.** En el campo las hay en abundancia: el helecho, la ortiga o la consuelda forman acolchados que resultan perfectos para conservar la humedad y la fertilidad del suelo. Basta con cortar estas plantas altas y disponerlas planas

*Hojas muertas
para la clavellina...*

*... y una capa de helechos
para el alhelí amarillo.*

sobre el suelo. Sin embargo, deben cortarse antes de que produzcan semillas, o tendrá muchísimas ortigas o consueldas.

- **Los cantos rodados y las piedras planas** son adecuados para para proteger pequeñas plantaciones aisladas. Observará que en los días más calurosos del verano, la tierra siempre está húmeda bajo las piedras. También puede usar grava, pero saldrán hierbas, ya que con la humedad todo germina profusamente, mientras que con las piedras planas, estará tranquilo.

PLÁSTICOS, LONAS, TELAS Y CARTONES

- **El plástico negro** se puede usar en un jardín de una segunda residencia para plantar un seto. Indudablemente es eficaz, pero resulta muy poco estético. Actualmente se comercializa plástico biodegradable, pero está disponible en dos tipos: uno desaparece por completo en menos de un año, y el otro se transforma en multitud de trocitos minúsculos que encontrará en el suelo durante años, lo que no es nada ecológico ni agradable. Procure usar el primero. Lo más seguro es consultar a un hortelano para comprobar in situ la calidad de plástico que es mejor comprar, puesto que el etiquetado todavía no es del todo explícito.
- **La lona verde** no solo es poco estética, sino que también es mucho menos eficaz que el plástico negro. Al ser permeable, tiene la ventaja de permitir que penetre un poco la lluvia, por lo que no elimina todas las hierbas, y las más tenaces, como la grama o la correhuela, salen a la superficie, compitiendo con las plantas jóvenes. Asimismo, al cabo de dos años, se rasga en feos jirones, además de que, al haberse utilizado tanto en los márgenes de las autopistas y las rondas, imprime un marcado estilo de «obra pública» a su jardín, que no resulta muy estético.
- **Las telas vegetales** son eficaces y duraderas (un año), pero caras. A lo sumo se pueden usar para plantaciones puntuales de árboles o rosales. Procure sujetarlas bien con un montículo de tierra en los bordes para impedir la germinación de las adventicias.
- **El cartón ondulado** forma una capa eficaz durante un año, pero resulta poco estético, y al ser ligero se levanta con mucha facilidad. Rodéelo con un montículo de tierra blanda para sujetarlo, y ocúltelo bajo una capa de restos de césped o de poda para que resulte un poco más estético.

ALL SUMMER LONG

Bad Art Night

Join us for an evening of ocean themed bad art at the East Side Library. Materials will be provided for you to make your best ocean-themed Pinterest fail or mess-terpiece. This all-ages event will showcase your creativity. Families/Teams are encouraged to register online at dmpl.org, by phone at 283-4152 or in person at any DMPL location.

MONDAY, JUNE 11 | 6:00-7:00 PM

DES MOINES PUBLIC LIBRARY

dmpl.org | 515.283.4152

EAST SIDE LIBRARY

2559 Hubbell Avenue

El pie de este abrótano hembra está protegido con paja.

Los trocitos de ladrillo crean un acolchado muy decorativo.

Un acolchado que combina hojas muertas y ceniza de madera.

Guijarros alrededor del pie de una salvia.

Una cobertura verde para zonas secas

En el litoral mediterráneo, en suelos con gran capacidad de drenaje y expuestos al viento, en lugar de utilizar césped, opte por una planta tapizante para crear espacios verdes ralos.

CONSEJOS PARA LOGRARLO

> Existe una amplia variedad de plantas a las que solo deberá cortar las flores marchitas para que recuperen su aspecto de moqueta verde o gris, pero algunas son terriblemente invasoras.

> Cuidado, estas plantas no toleran que las pisen. Úselas solo para placer visual, para reducir los cuidados y realzar la belleza de las floraciones adyacentes.

> Durante el primer verano, riéguelas cada 15 días durante la canícula, abundantemente (15 l/m²) para que se aclimaten. A partir de entonces, ¡deje que descansen!

LAS MEJORES PLANTAS

Cerastium tomentosum (cerastio)

> Una capa de hojas de un gris claro luminoso cubierta de florecillas blancas a finales de primavera y bastante resistente. Para que conserve su porte, pódelo en cuanto pierda la flor, a 7 cm del suelo. Entonces formará un tapiz denso, nunca invasor. Vivaz: h.: 5-10 cm; f. de mayo a julio; sol; suelo común.

Dichondra repens

> Es original, con sus hojas verde claro brillantes en matas tupidas que forman bellas alfombras densas, más claras en verano, cuando la sequía la desnuda. Es muy rústica y prefiere los suelos ligeros, pero le gusta la sombra y soporta que la pisen. Vivaz; h.: 5-10 cm; f. en verano; sol; suelo común.

Frankenia laevis (hierba sapera)

> Su follaje granuloso verde intenso, persistente, muy corto, vira al rojizo en invierno. A finales de primavera, multitud de florecillas rosas alegran esta planta resistente al sol intenso y a la salinidad del mar, pero que es mejor no pisar. Vivaz; h.: 10 cm; f. en abril y mayo; sol; suelo común.

Pennisetum clandestinum (kikuyo)

> El nombre *kikuyo* designa dos plantas de hojas bastas, resistentes al calor y muy tapizantes, de las que es mejor desconfiar. El nombre científico del kikuyo es una advertencia para no tomarlo a la ligera, ya que esta planta, emparentada con la grama, tiene su misma tenacidad. Se propaga por semillas y retoña sin cesar, escapando a la menor negligencia, hasta el punto de que en algunas zonas se considera una planta invasora. Otro inconveniente: en invierno se seca, dejando amplias zonas desnudas. Vivaz; h.: 30 cm; sol; suelo común.

Phyla nodiflora

> Una espléndida moqueta salpicada de espigas rosas, muy apreciadas por las abejas. Soporta que la pisen, puede despoblarse en pleno verano o con los fríos intensos, pero es absolutamente rústica y le gusta la salinidad del mar. Vivaz; h.: 10 cm; f. de mayo a septiembre; sol; suelo común.

Zoysia tenuifolia

> Un fresco tapiz verde de hojas persistentes, finas y densas, incluso a pleno sol. Se recomienda en climas suaves y junto al mar, ya que resiste bien la salinidad ambiental. Le gustan los suelos ligeros, pero se seca con las heladas. Es una planta resistente de crecimiento rápido si se la riega bien desde el principio. Tolera que la pisen. Vivaz; h.: 10 cm; sol; suelo común.

¿LO SABÍA?

El **falso kikuyo** (*Stenotaphrum secundatum*) es más resistente a las pisadas que el verdadero, ¡pero requiere mucha agua!

Pennisetum clandestinum
(kikuyo)

Zoysia tenuifolia

Dichondra repens

Cerastium tomentosum
(cerastio)

*Phyla
nodiflora*

Frankenia laevis
(hierba sapera)

Un seto resistente a la sequía

Para atenuar las corrientes de aire, presentamos algunos arbustos que solo requieren una poda de mantenimiento cada 2 o 3 años y pueden acostumbrarse a los suelos más secos o mediocres. Pero precisamente por esta situación ingrata, cuide bien estas plantas.

CONSEJOS PARA LOGRARLO

> Separe las plantas a 1 m entre sí. Puede plantar más tupido, pero los arbustos crecerán mejor si disponen de espacio. Elija plantas jóvenes, ya que arraigan antes que los grandes arbustos en macetas y son más económicas.

> Una vez plantadas, construya un sistema de riego de goteo a lo largo de todo el seto y forme un acolchado de 1 m de ancho y 10 cm de grosor. Puede utilizar un plástico biodegradable en su lugar. Bajo esta capa estanca, el seto crece rápidamente, pero ocúltelo con una cobertura vegetal para que no se vea y pueda prolongar su vida, ya que el plástico biodegradable desaparece en menos de un año.

> No se olvide de cortar el seto cada invierno durante los 3 primeros años, reduciéndolo en un tercio para disponer de una pantalla protectora a toda prueba.

LAS MEJORES PLANTAS
Baccharis halimifolia

> Ideal junto al mar, donde es muy común, puesto que soporta bien el viento y la salinidad. Forma setos densos, gris azulados, animados por una floración blanca en otoño, a la que siguen unos frutos sedosos en las plantas hembras. Es muy rústico y caduco, y sus ramas densas hacen de él un cortaviento eficaz. Arbusto; h.: 1 m; l: 1,50 m; f. en otoño; pleno sol; suelo arenoso enriquecido en materia orgánica.

Cotoneaster franchetii (cotoneaster)

> Sus ramas flexibles del año se curvan por el peso de sus frutos anaranjados, apreciados por los pájaros, que obtienen de ellos alimento en invierno. Es semiper-sistente, con unas hojas grises pequeñas, adornadas en invierno por hojas escarlatas, que aparecen al azar. Es resistente y soporta tanto la sequía como el viento intenso,

del que se protege gracias a su flexibilidad. Arbusto; h.: 1,50 m; l.: 1,50 m; f. en junio; sol o media sombra; suelo medianamente fértil, bien drenado, incluso seco.

Genista hispanica (abulaga)

> Su alto porte amplio y flexible, poblado por largas agujas verdes, nos es familiar, ya que debido a su resistencia se ha plantado en profusión en los márgenes de las principales carreteras. A finales de primavera se cubre de fragantes flores doradas. Como máximo vive unos 20 años. Arbusto; h.: 1,50 m; l.: 1,50 m; f. en mayo y junio; sol; suelo ligero, poco fértil y bien drenado.

Pittosporum tobira (pitósporo)

> Su fragancia a jazmín perfuma las costas, donde lo vemos desafiar la salinidad del mar hasta la orilla. Es persistente, tiene un sólido follaje brillante y claro, a menudo acompañado de grandes frutos redondos a finales de verano. Plántelo en suelos bien drenados. Arbusto; h.: 1,50 m; l.: 1 m; f. en mayo y junio; a pleno sol o media sombra; suelo fértil pero drenado, incluso calcáreo.

Tamarix parviflora, T. ramosissima (tamarisco)

> Inconfundible entre todos cuando salen las hojas, de una impalpable transparencia, y teñidas de rosa en la época de floración. Es muy resistente, hasta tal punto que crece junto al mar. *Tamaris parviflora* es el más claro y el primero en florecer, a finales de primavera, mientras que *T. ramosissima* florece en julio, con un rosa más intenso. Arbusto; h.: 3 m; l.: 2 m; f. según la especie; a pleno sol, protegido de los vientos fríos y secos; suelo bien drenado, arenoso.

Teucrium fruticans (olivilla)

> Un ramillete luminoso, con sus finas ramas de tono plateado y sus corolas azul claro. Ideal junto al mar y en climas suaves para jardines de dimensiones reducidas. Arbusto; h.: 1,30 m; l.: 1,30 m; f. en verano; pleno sol; suelo bien drenado, preferiblemente alcalino.

Teucrium fruticans (olivilla)

Tamarix parviflora (tamarisco)

Genista hispanica (abulaga)

Pittosporum tobira (pitósporo)

Cotoneaster franchetii (cotoneaster)

Plantas para un murete a pleno sol

Un murete decorado con plantas da de inmediato una sensación de integrarse en la decoración del jardín, como si la planta se fundiese con la piedra. Plantar sobre un muro ya existente requiere cierta experiencia y cuidados, pero decorar una pared en construcción es un juego de niños. ¡Recuérdelo!

CONSEJOS PARA LOGRARLO

> **Plante preferiblemente a principios de otoño** para que las plantas aprovechen plenamente el calor acumulado durante el verano y las intensas lluvias de otoño antes de que llegue el frío. Elija ejemplares pequeños para introducirlos intactas, sin doblarles las raíces.

> **Cave con una gubia entre las piedras** para que caiga la tierra y sustitúyala por un puñado de un buen compost preparado, en el que introducirá las raíces de las plántulas. Rocíe copiosamente con un pulverizador para humedecer bien la tierra donde va a plantar.

> **Hay dos categorías de plantas ideales:** las de porte llorón, como *Erigeron karvinskianus*, y las matas densas, más o menos abiertas, como la campanilla dálmata.

> **Aunque puede plantar** una sola especie en el muro, es muy divertido combinar plantas jugando con los portes, y el resultado puede ser magnífico.

• Combine, por ejemplo, las hojas puntiagudas y carnosas de las siemprevivas con las de las campanillas, dentadas y redondas.

• La campanilla de hojas redondeadas es una joya cuya gracia se ve realzada por las rosetas cubiertas de muselina blanca de la siempreviva de telarañas.

• Las margaritas ligeras y menudas de *Erigeron* parecen bailar en un friso de grandes siemprevivas verdes y púrpuras, y no se olvide de las clásicas aubrietas y los claveles.

• Encima del murete, los geranios vivaces, como *Geranium sanguineum*, pronto forman unas matas impresionantes. Combinan a la perfección con los tallos finos de *Euphorbia cyparissias* y con los rollizos y anchos de *Euphorbia myrsinites*.

• Un toque de gipsófila, el contraste de una mata de abrótano macho o de abrótano hembra, y tendrá un muro hermoso a lo largo de las cuatro estaciones.

LAS MEJORES PLANTAS

***Artemisia abrotanum* (abrótano macho)**
Vivaz; h.: 20-40 cm; f. en agosto; sol; suelo rico, drenado.

Campanula porscharskyana
Vivaz; h.: hasta 12 cm; f. en verano; sol o semisombra; suelo húmedo, pero bien drenado.

***Campanula rotundifolia* (campanilla de hojas redondeadas)**
Vivaz; h.: 12-30 cm; f. en verano; sol o semisombra; suelo húmedo, pero bien drenado.

***Erigeron karvinskianus* (erigeron)**
Vivaz; h.: hasta 20 cm; f. en verano; pleno sol con algo de sombra al mediodía; suelo fértil y bien drenado.

Euphorbia cyparissias
Vivaz; h.: 20 cm; f. de mayo a agosto; pleno sol; suelo arenoso, ligero, bien drenado.

Euphorbia myrsinites
Vivaz; h.: 10 cm; f. en primavera; pleno sol; suelo arenoso, ligero, bien drenado.

Geranium sanguineum
Vivaz; h.: 25 cm; f. en verano; sol o semisombra; cualquier suelo fértil, pero no empapado.

***Santolina chamaecyparissus* (abrótano hembra)**
Arbusto; h.: 30 cm; f. en verano; pleno sol; suelo pobre o medio, bien drenado.

***Sedum acre* (uña de gato)**
Vivaz; h.: 5 cm; f. a partir de junio; pleno sol; suelo medio, arenoso, bien drenado, neutro o ligeramente alcalino.

***Sempervivum arachnoideum* (siempreviva de telarañas)**
Suculenta; h.: 3 cm; f. en verano; pleno sol; suelo pobre o medio, bien drenado, bien aireado.

Diathus deltoides (clavelina)

Sempervivum arachnoideum (siempreviva de telarañas)

Erigeron karvinskianus (erigeron)

Cascada de flores de la aubrieta

Los broqueletes se introducen delicadamente entre las piedras.

Un bonizo macizo en un lugar seco y umbrío

Es la ubicación más ingrata, sobre todo si hay árboles que captan toda la humedad. Sin embargo, a algunas plantas les favorece, pero usted deberá cuidar de su plantación más que nunca y, en particular, no dejar que le falte agua durante el primer verano de vida.

CREAR UN TELÓN DE FONDO

> Esta ubicación invita a buscar colores vivos y frescos para alegrarla. Empiece cubriendo el suelo, que suele estar desnudo. La hiedra terrestre y la vinca menor, dos plantas de sotobosque, arraigarán sin amenazar con invadir ni extenderse como lo harían las ortigas o la hierba de San Gerardo, que debemos evitar.

• **La hiedra terrestre** es de un verde alegre. Logrará una cobertura refinada, rústica y más luminosa con la variedad variegada.

• **La vinca menor** resulta ideal para tapizar un terreno seco y umbrío, ya que es mucho más comedida que la vincapervinca, que genera largos estolones en todos sentidos. La vinca menor produce flores de un azul celeste y fresco, y sus hojas son oscuras y pequeñas. Las de «Variegata» tienen franjas de color crema, y sus flores azul claro dan color a los rincones más oscuros.

APORTAR VOLUMEN

• *Cyclamen neapolitanum* alegrará esta alfombra con su floración otoñal, mientras que la euforbia encarnada la iluminará en primavera con sus enormes ramos verdes y conservará todo el año sus imponentes matas azuladas.

• *Geranium macrorrhizum*, *G. nodosum* y *G. phaeum* también se desarrollan bien en la sombra y en lugares secos; durante todo el verano se cubren de una ligera floración.

• **Las heucheras, o campanas de coral,** forman bordes refinados, pero cuidado con las trepadoras: la madreselva, *Clematis montana* y el rosal liana «Wedding Day» se adaptan tan bien a esta ubicación que incluso desecan el suelo en torno a su pie.

• **El lúpulo,** en particular la variedad dorada, e *Hydrangea petiolaris* son dos plantas más complacientes, pero que requieren mucho compost y un riego frecuente para adaptarse bien.

LAS MEJORES PLANTAS

Cyclamen neapolitanum (violeta de los Alpes)
Vivaz; h.: 20 cm; f. a finales de verano; semisombra; suelo moderadamente fértil, húmedo, bien drenado.

Euphorbia characias (euforbia encarnada)
Arbusto; h.: 1,20 cm; f. de marzo a junio; pleno sol; suelo arenoso, ligero, bien drenado.

Geranium macrorrhizum
Vivaz; h.: 30 cm; f. en junio; sol o semisombra; cualquier suelo fértil, pero no empapado.

Geranium nodosum
Vivaz; h.: 30 cm; f. en verano; sol o semisombra; cualquier suelo fértil, pero no empapado.

Geranium phaeum
Vivaz; h.: 40 cm; f. a principios de verano; sol o semisombra; suelo moderadamente fértil, pero no empapado.

Glechoma hederacea (hiedra terrestre)
Vivaz; h.: 15 cm; f. en verano; sol o semisombra; suelo moderadamente fértil, húmedo, pero bien drenado.

Heuchera sanguinea (campanas de coral)
Vivaz; h.: 30 cm; f. en julio; sol o semisombra; suelo fértil, húmedo, pero bien drenado.

Humulus lupulus «Aureus» (lúpulo dorado)
Vivaz trepadora; h.: 6 m; f. en verano; sol o semisombra; suelo húmedo pero bien drenado, poco fértil, humedo.

Hydrangea petiolaris
Trepadora; h.: 15 m; f. en verano; sol o semisombra; protegida de los vientos fríos y secos; suelo húmedo pero bien drenado, moderadamente fértil, humedo.

Vinca major (vincapervinca)
Hierba perenne; h.: 45 cm; f. de abril a junio; pleno sol o semisombra; cualquier suelo que no se seque.

Vinca minor (vinca menor)
Hierba perenne; h.: 10-20 cm; f. de febrero a junio; pleno sol o semisombra; cualquier suelo que no se seque.

Durante
su primer
verano
de vida, no
deje que a sus
plantas les
falte agua.

Vinca minor
(vinca menor)

Euphorbia characias
(euforbia encarnada)

La hiedra terrestre
en flor es muy
decorativa.

Glechoma hederacea
(hiedra terrestre)

El jardín de escaso riego en macetas

Jardineras y macetas: la elección correcta

Cuanto más pequeño sea el recipiente, más agua precisarán las plantas, sobre todo si están expuestas al viento o si se encuentran en el ambiente asfixiante de un espacio cerrado por tabiques reflectantes, como sucede con frecuencia en las construcciones modernas. La elección de las plantas, las macetas y de una tierra de calidad será primordial para reducir el riego al mínimo.

LOS DIFERENTES MATERIALES DISPONIBLES

> **Aunque las plantas se comercialicen en macetas de plástico** lo bastante grandes y con un aspecto que permita suponer que se encuentran en el recipiente ideal, no deje de cambiar la maceta. No solo porque la tierra en la que vienen necesita un aporte de abono y un riego abundante que usted no podrá proporcionarle, sino también porque el recipiente no es estético ni lo bastante aislante como para conservar las raíces húmedas durante la canícula.

> **Actualmente cuesta elegir** entre un gran número de modelos atractivos y asequibles, pero no todos son aconsejables cuando deseamos priorizar la autonomía de las plantas.

La porosidad de la cerámica hace que las plantas arraiguen mejor.

TIERRA, GRES Y PIEDRA RECICLADA

• **La cerámica sin decorar:** es económica y estética, y su ligera porosidad natural ayuda las plantas a arraigar, una gran ventaja para las compras de primavera que deseamos que se fortalezcan antes de la llegada de las vacaciones. No obstante, como esta permeabilidad natural permite que penetre la humedad, se aconseja introducir estas macetas en maceteros 5 cm más anchos y más altos. Esta combinación es indispensable en el caso de los formatos pequeños (hasta 20 cm de diámetro) para aislarlos mejor de los cambios de temperatura, ya que en este reducido volumen de tierra las raíces son tan sensibles a la sequía y a los golpes de calor como a las heladas en invierno. Cuidado, muchas cerámicas de color claro se deterioran con las heladas en las zonas húmedas.

• **La cerámica barnizada:** es muy estética, y la encontramos en numerosos estilos. Es más impermeable que la cerámica sin decorar, pero mucho más sensible a las

---

¡MEJOR CON MENOS AGUA!

*Si compra una planta hermosa bien cultivada, introdúzcala con su maceta en un **macetero** 5 cm más alto y más ancho, que elegirá por su estética. El uso de maceteros es el mejor aislante natural, sobre todo si llena el espacio entre los dos recipientes con turba empapada de agua en verano y bien seca en invierno. Las ventajas del macetero: es aislante, económico y estético.*

Estas plantas crasas no dan problemas de riego. ¡Aguantan todo el verano sin agua!

heladas; solo la cerámica artesanal de calidad resiste las alternancias de lluvia y hielo en invierno. Por desgracia, ningún criterio permite detectar las mejores, ya que la resistencia al hielo depende no solo de la cocción, sino también de la calidad de la tierra usada por el ceramista; por ello, la venta directa es ideal para elegir estas macetas.

• **El gres bruto o barnizado:** a menudo es de origen asiático o de este estilo, incluso los modelos inspirados en nuestra tradición. Es más impermeable a la humedad que la tierra cocida y, por tanto, muy sólido a la intemperie. Suele ser económico, pero tiene un importante inconveniente: su considerable peso. Incluso cuesta manipular las macetas de 15 cm una vez llenas. Cuidado con los grandes formatos de balcón: infórmese de la capacidad de carga de su edificio antes de decidirse a comprar, ya que una vez llenas de tierra mojada y arbustos, las macetas pesan mucho. Si las usa para plantas sensibles al hielo, consiga un soporte con ruedecitas para introducirlas en casa en invierno.

• **La piedra reciclada:** es pesada como el gres y también muy resistente, pero de un estilo algo rústico. Su color claro tiene la ventaja de reflejar la luz, de modo que proporciona a las raíces un ambiente fresco, muy interesante en verano.

FIBRA DE VIDRIO, ZINC Y PLÁSTICO

• **La fibra de vidrio:** ultraligera y trabajada en formas modernas preciosas, se puede encontrar en colores variados, desde el más sobrio al más alegre. Es perfecta y duradera, pero cara.

• **El zinc y el metal galvanizado:** estos metales son ligeros, irrompibles (si las soldaduras están bien hechas, lo que no siempre sucede en modelos económicos), pero tienen el inconveniente de que se recalientan al sol. Además, el metal galvanizado se oxida rápidamente por los puntos de soldadura. En resumen, no es aconsejable, aunque estos recipientes suelen ser muy bonitos y quedan bien en una casa contemporánea.

• **El plástico:** es ligero, impermeable y se presenta en todos los estilos y colores, pero no es aislante. Es sensible a los impactos, y se torna quebradizo por efecto de los rayos UV. Es mejor usarlo como macetero que como maceta.

Cuándo y cómo plantar

Las plantas en macetas permiten ajardinar terrazas y balcones, y en el jardín constituyen un elemento decorativo fácil de trasladar y renovar. A continuación encontrará algunos consejos para cuidar de sus plantas regándolas menos.

¿CUÁNDO PLANTAR?

> Hay dos estaciones adecuadas para plantar en macetas.

• **Otoño** es la estación ideal para terrazas y balcones, ya que la proximidad de los muros proporciona protección frente a los rigores del invierno, pero cuidado con las corrientes de aire.

• En una terraza o un balcón expuesto a un viento gélido, es preferible plantar a **principios de primavera**.

Reserve las macetas pequeñas para esquejes y plántulas.

Riegue siempre abundantemente las plantas jóvenes en cuanto las plante.

> **En ambos casos, no se olvide de colocar** cañizos que detengan los golpes de viento, ya que en invierno este hiela las plantas y en verano las seca por mucho que intente mantener las raíces húmedas.

ESPACIO VITAL DE LAS PLANTAS

> **Incluso en grandes macetas,** en un volumen reducido, las raíces pronto sufren con los cambios de temperatura y la falta de agua. No plante demasiado tupido: 15 cm de intervalo es el mínimo ideal para las flores (heliotropo, lobelia o *Coreopsis*), 30 para los arbustos, las trepadoras y las grandes vivaces (carióptera, plumbago, madreselva, jazmín o rudbeckia) y 50 en los arbustos más grandes (adelfa, pitósporo o teucrio).

> **Durante los 3 meses después de trasplantarlas** no hay que dejar que las plantas jóvenes tengan falta de agua.

¡Hay que cambiar la maceta!

A las plantas en flor a menudo les cuesta aclimatarse, ya que están acostumbradas a riegos frecuentes y regulares acompañados de abonados, un programa vital sobre todo si las cultivamos en macetas. A continuación indicamos cómo aclimatarlas fácilmente y conseguir que duren mucho.

1 **Sumerja la planta** en un cubo con agua fresca hasta la base de los tallos. Déjela en remojo toda la noche.

2 **Elija una maceta 10 cm más ancha y más alta** que la de origen. Llénela con tierra vegetal de marca hasta ¼ de su altura y riéguela copiosamente hasta que

la tierra y la cerámica queden saturadas de agua.

3 **Haga caer la tierra vieja** con un tenedor, y, si es preciso, corte las raíces demasiado largas con un cuchillo bien afilado. Luego coloque la planta en el centro de la nueva maceta, de modo que su cuello quede a unos 3 cm del borde

superior de la maceta. Llénela con la misma tierra, si es posible mezclada con 1/3 de tierra de jardín, hasta 3 cm por debajo del borde para cubrir con un empajado protector.

4 **Coloque un plato bajo** la nueva maceta y rocíe generosamente la planta con una alcachofa fina.

EL CONSEJO DEL EXPERTO

¡Cuidado con los platos de las macetas!
Son prácticos para recoger el agua de riego de las plantas en macetas, pero no deben estar siempre llenos. En otoño, retírelos, ya que si las raíces están en contacto con el agua durante varios días, se pudren. Incluso si no riega las macetas, en esta época a veces llueve mucho, y las noches son frías. Vuelva a poner los platos en primavera.

En otoño, retire los platos de las macetas, incluso en las de los alféizares.

Trucos
para regar menos

Regar un jardín en una terraza o un balcón suele ser problemático, ya que por lo general fuera no hay grifo. Afortunadamente, podemos reducir el riego al mínimo gracias a unas sencillas medidas. Con todo, en pleno verano es difícil dejar las plantas sin cuidados durante más de una semana, ya que, incluso dentro de barreños grandes, se marchitan pronto y pueden morir por falta de agua.

ELEGIR BIEN LOS RECIPIENTES Y LOS SUSTRATOS

> **Recuerde este lema: ¡macetas grandes, no pequeñas!** Debe saber que, con menos de 15 cm de ancho, las macetas se secan pronto. Opte por jardineras hondas (30 cm) y macetas de al menos 20 cm de diámetro, si es preciso combinando plantas crasas, muy austeras, con flores o arbustos para que luzcan todo el año.

> **Elegir una tierra rica y consistente es crucial.** No escatime con la tierra: en general, las tierras de marca son más caras, pero mucho mejores que las de «promoción», a base de turba oscura, que se seca muy pronto después de regarla, o de restos de madera que pueden contener residuos de pesticidas perjudiciales para el crecimiento de la planta. Las tierras vegetales de buena calidad son a base de compost de hojas, o incluso de turba rubia, aunque esta es cada vez más escasa debido a que su extracción plantea problemas ecológicos (los yacimientos son limitados). Una tierra vegetal buena huele bien, es

Una buena tierra de jardín, ideal para la lavanda en maceta.

de textura suave, blanda y lo bastante consistente para retener la humedad y los fertilizantes.

PROBAR LOS RETENEDORES Y TELAS

• **Los bolas humidificantes:** estas bolas, inspiradas por la función ultraabsorbente de un material inventado como relleno de los pañales para bebés, y parecidas a la tapioca cuando están secas, se transforman en una masa gelatinosa en contacto con la humedad. Una cucharada sopera mezclada con la tierra del fondo de una maceta

La grava, los trocitos de ladrillo y los fragmentos de pizarra reducen la evaporación.

IDEAS DECORATIVAS

Para sacar el máximo partido de unas **composiciones con flor y armónicas durante todo el verano,** prepare recipientes de al menos 70 cm de ancho y 50 cm de hondo y llénelos hasta 10 cm del borde para proteger la tierra con una gruesa capa de guijarros.

En primer lugar, disponga las **plantas más altas** para dar volumen (*Phlomis fruticosa*, una salvia de flores pequeñas, acanto, jazmín azul o eonio), luego de 1 a 3 plantas de la mitad de altura (*Nepeta x faassenii*, gipsófila, clavel o nerine). Llene la superficie del recipiente con **plantas tapizantes,** preferiblemente persistentes (siempreviva, *Sedum*, campanas de coral, bergenia o cerastio).

Riegue abundantemente estas plantas rociándolas antes de disponer los guijarros a su alrededor.

El plumbago «Miss Wilmott» (Ceratostigma willmottianum) crece bien en maceta.

Las bolas humidificantes se pueden usar con todas las plantas.

resultan más estables que los empajados vegetales, que se los lleva el viento o escapan al regar.

> **La paja de lino,** apreciada por su finura y su color claro, y los copos de alforfón, no duran demasiado. Solo las cáscaras de cacao son estables y, además, se transforman en un humus muy útil, ya que al regar la tierra se compacta, incluso a través de este filtro.

de 20 cm de ancho libera el agua durante una semana, más o menos, pero hay que procurar que no asciendan a la superficie, por ejemplo al remover la tierra, ya que entonces no solo pierden sus propiedades, sino que los fragmentos gelatinosos mezclados con la tierra no resultan estéticos. Ventajas: son adecuadas para todas las plantas y duran 3 o 4 años. Inconveniente: son caras.

• **Telas absorbentes:** se trata de trozos de tela gruesa que se colocan en el fondo de las jardineras. La tela se empapa de agua y más tarde la va liberando progresivamente, pero esta humedad constante no es del agrado de las plantas originarias de zonas secas. Los pelargonios (o geranios), por ejemplo, al llegar el otoño se pudren en contacto con este material. Las telas son bastante caras, y en general se venden «precortadas», lo que limita su uso a las jardineras o los recipientes previstos por el fabricante.

¡EL ACOLCHADO TAMBIÉN ES ÚTIL EN MACETAS!

> **Con las plantas en macetas,** le interesa cubrir la tierra con minerales. En centros de jardinería encontrará una amplia oferta de guijarros, grava, bolas de cristal y de arcilla, trocitos de pizarra o de ladrillo. Son particularmente interesantes la piedra pómez y la puzolana, unos materiales ligeros y limpios. Evite la grava fina, que se mezcla de inmediato con la tierra, perdiendo eficacia y belleza.
> **Observará que bajo las piedras o la grava el suelo está húmedo,** incluso en plena canícula. Además, incluso los materiales más ligeros, como la piedra pómez,

Cáscaras de cacao, grava, trozos de ladrillo: existen numerosas formas de acolchar.

Las mejores plantas de escaso riego

Árboles y arbustos de los jardines secos

ACACIA DEALBATA

Mimosa

Este rayo de sol de fragancia suave, que desafía el invierno con su miríada de borlas amarillas, es mucho más rústico de lo que parece. Su floración puede adelantarse a la primavera en 2 meses, ya que existen cientos de variedades más o menos tempranas y más o menos rústicas. *Acacia dealbata*, de origen australiano, se ha aclimatado en Galicia, Cataluña y Valencia, hasta el punto de que se propaga por semillas. Sus hojas pubescentes, persistentes y sanas oscilan entre un color verde intenso o azulado. Es importante comprar ejemplares injertados, ya que los nacidos de semillas suelen tardar en florecer.

SUS CONDICIONES IDEALES

> **Suelo:** está cómoda en una buena tierra de jardín, no demasiado calcárea y con un buen drenaje. Cuidado: si se planta en un suelo arcilloso en una región húmeda puede morir en caso de heladas prolongadas.

Acacia dealbata

> **Exposición:** a pleno sol, en zonas cálidas o húmedas, pero no en regiones frías, donde la floración sufre con los contrastes de temperatura. Si el invierno es riguroso, plántela a 1 m de un muro orientado al sol, preferiblemente hacia el oeste, para protegerla de las heladas.
> **Rusticidad:** –10 °C.
> **Mantenimiento:** corte los ramos de flores marchitas para mantener su elegancia natural.
Arbusto; h.: 3-8 m; f. según las especies.

TRES VARIEDADES DE HOJA VERDE
«Gaulois»
> **Variedad antigua y prestigiosa** por su profusa floración en grandes borlas amarillo azufre en febrero o marzo y su crecimiento sumamente rápido. Además, es rústica en un suelo drenado y lugares al resguardo.
«Pendula»
> **Rústica como la especie tipo,** luce un soberbio porte en cascada cuando la floración la cubre con racimos amarillos. La encontrará injertada en un tallo de 1,5 m, medio tallo de 80 cm o el tamaño clásico, para usarlas como parasoles o cascadas que caen de un muro o un talud.
«Virginia»
> **Tiene como particularidad su color anaranjado,** pero solo prospera en suelos algo calcáreos; en uno ácido es del mismo amarillo claro que las mimosas clásicas.

Y DOS DE HOJA AZULADA
«Président Doumergue»
> **Temprana, florece a partir de finales de enero** en grandes racimos de color amarillo intenso, que ocultan un follaje azulado, recortado y elegante. Es una buena variedad para un jardín pequeño, de menos de 6 m de alto.
«Rêve d'Or»
> **Temprana, florece a finales de enero** en racimos pequeños y densos de pequeñas borlas. De porte compacto (3-4 cm) es la preferida en jardines pequeños. Incluso se puede cultivar en macetas grandes, pero hay que regarla bien durante los 2 primeros veranos.

ACACIA RETINODES

Mimosa floribunda

Florece en primavera en ramilletes de borlas de color amarillo claro perfumadas que se doblan sobre unas ramas flexibles de hojas persistentes alargadas. Se propaga fácilmente por semillas y sirve de portainjertos para *Acacia dealbata*, ya que soporta mejor los suelos calizos. Elija una variedad de flores grandes, como «Imperial», «Lisette» o «Carif», más generosas que la especie tipo.

SUS CONDICIONES IDEALES

> **Suelo:** cualquier tierra buena de jardín, bien drenada.
> **Exposición:** soleada y protegida de las corrientes de aire.
> **Rusticidad:** –5 °C en suelo seco y en un lugar al resguardo.
> **Mantenimiento:** pódela solo cuando sea necesario. En zonas húmedas, recálcela y acólchela bien bajo 20 cm de hojas secas durante el invierno. También puede cubrir el pie con 20 cm de una buena tierra ligera. Así se acodará, haciéndose no solo más robusta, sino que en caso de heladas intensas, tendrá más posibilidades de salvar una rama. Arbusto; h.: hasta 8 m; f. de mayo a noviembre.

Acacia retinodes

ARBUTUS UNEDO

Madroño

Este arbusto espléndido, gratificante para los jardineros pacientes, gana en belleza a medida que la edad va retorciendo sus troncos, cuya corteza se desprende en largos jirones que contrastan, anaranjados en *Arbutus andrachne*. Sus hojas persistentes y brillantes son alegres, pero cuando aparecen los ramos de campanillas blancas y los frutos anaranjados, es un gran espectáculo, que se prolonga desde finales de verano hasta las primeras heladas. Sus frutos, poco sabrosos y ásperos, son un manjar para los pájaros.

SUS CONDICIONES IDEALES

> **Suelo:** bien drenado, sea del tipo que sea, ya que contrariamente a su fama, se desarrolla en suelos calcáreos.
> **Exposición:** se recomienda a pleno sol; aunque se desenvuelve bien en la semisombra, florece poco.
> **Rusticidad:** perfecta, se desarrolla en prácticamente toda la península Ibérica.
> **Mantenimiento:** ninguno, pero su crecimiento es muy lento. Apenas crece los 3 primeros años; es el precio de su legendaria resistencia a la sequía.
Arbusto; h.: 2-5 m; f. de agosto a octubre.

Arbutus unedo

BALLOTA SP.

Manrubios

Se distinguen por su porte globoso y sus hojas redondeadas y vellosas unidas a unos tallos flexibles, y todo ello de un color gris verdoso luminoso, salpicado de rosa durante la floración primaveral. Las brácteas lanosas que rodean a las flores persisten durante todo el verano. Hojas y brácteas son más grandes en *Ballota pseudodictamnus* que en *B. acetabulosa*, que presenta un porte más ancho, más abierto, que alcanza los 80 cm de altura y de anchura. Por desgracia, estas encantadoras plantas solo toleran el clima benigno de las zonas costeras soleadas.

SUS CONDICIONES IDEALES

> **Suelo:** cualquier terreno bien drenado, incluso calcáreo, seco y pobre.

> **Exposición:** a pleno sol, incluso cerca del mar, puesto que resisten perfectamente el viento y la salinidad de la brisa marina.

> **Rusticidad:** en zonas secas hasta –10 °C, pero les cuesta soportar los inviernos húmedos.

> **Mantenimiento:** pódelos muy bien para restaurarlos cada primavera, o cada vez florecerán menos. Si les acoda los pies, los hará más resistentes a los cambios climáticos.

Vivaces o sufrútices; h.: 80 cm; f. según las especies.

BUDDLEIA SP.

Arbustos de las mariposas

No infravalore esta familia de intrépidas, capaces de crecer en las peores condiciones. Su floración huele a miel y atrae a un gran número de mariposas. Florece en abril o mayo, en pequeños racimos lilas dispuestos a lo largo de las ramas en *Buddleia alternifolia*, y en grandes espigas puntiagudas y tupidas en *B. davidii*. Existe multitud de variedades que despliegan todos los tonos de rosa («Fascinating», «Pink Pearl»), azules y malvas hasta el violeta («Empire Blue»). Son arbustos flexibles y gráciles.

SUS CONDICIONES IDEALES

> **Suelo:** indiferente, incluso árido y pedregoso. *B. davidii* invade yermos y se extiende a lo largo de las cunetas.

> **Exposición:** florece mejor a pleno sol, pero se adapta bien a una sombra seca, por ejemplo, bajo grandes árboles.

> **Rusticidad:** perfecta. Aunque a veces leemos que *B. davidii* es sensible a las heladas, hay ejemplares que han resistido a –15 °C sin vacilar.

> **Mantenimiento:** ninguno, salvo una poda estética justo después de la floración si se desea modelar su silueta o limitar la propagación espontánea de *B. davidii*.

Arbustos; h.: 2-3 m; f. en primavera.

Ballota acetabulosa

Buddleia davidii

BUPLEURUM SP.

Bupleuros

Son propios de los jardines junto al mar, ya que estos arbustos, amplios y bien definidos, que florecen todo el verano, resisten el viento y el agua de mar. *Bupleurum angulosum* se podría cultivar en todas partes, ya que es rústico. Se reconoce por sus hojas coriáceas de color verde oscuro, que envainan unas umbelas crema. *B. fruticosum* es más espectacular, con multitud de grandes umbelas amarillas, pero plántelo en zonas costeras, ya que se hiela.

SUS CONDICIONES IDEALES

> **Suelo:** plántelos en un suelo filtrante, pedregoso, incluso muy calizo.

> **Exposición:** florecen mejor a pleno sol, pero toleran muy bien la semisombra.

> **Rusticidad:** perfecta en *B. angulosum*, mientras que *B. fruticosum* debe cultivarse en una maceta grande en zonas húmedas y frías en invierno. Es un arbusto ideal para animar una terraza, pero en invierno hay que tenerlo al resguardo del agua acercándolo a la fachada.

> **Mantenimiento:** ninguno, salvo el control de las plántulas que nacen de sus semillas en los macizos de su alrededor o entre el enlosado de una terraza.

Arbustos, subarbustos o hierbas perennes; h.: 30 cm-2 m; f. en verano.

BUXUS SEMPERVIRENS

Boj

El boj, presente en el norte y centro de la península Ibérica, hasta el suroeste de Jaén, ha demostrado ser capaz de resistir las peores sequías. El más común es *Buxus sempervirens*, de hojas puntiagudas y pequeñas, muy plástico para esculpir arbustos y setos elegantes. Las variedades variegadas («Marginata» o «Elegans») son de crecimiento particularmente lento. En cambio, «Rotundifolia», un boj de hojas grandes, más vigoroso, se recomienda para crear setos.

SUS CONDICIONES IDEALES

> **Suelo:** se adapta a cualquier terreno, incluso arcilloso, pero durante el verano, después de plantarlo, hay que regarlo rociándolo abundantemente.

> **Exposición:** en la semisombra está más verde, ya que a pleno sol puede secarse un poco en verano.

> **Rusticidad:** perfecta.

> **Mantenimiento:** pódelo en primavera, cuando no haya alcanzado el tamaño deseado. Una vez haya adquirido la forma ideal, pódelo preferiblemente en junio. Todas las variedades se acodan con facilidad. Basta con acodar el pie para obtener retoños con raíz; en verano, los esquejes también arraigan bien.

Arbusto; h.: 2 m.

Bupleurum fruticosum

Buxus sempervirens «Marginata»

CAESALPINIA GILLIESII

Poinciana

Debe su apodo de *ave del paraíso* a los estambres rojos que surgen de unos ramos de corolas amarillas que parecen sobrevolar unas hojas de acacia en miniatura semipersistentes. Esta planta resistente que florece durante todo el verano es más rústica de lo que sugiere su aspecto tropical, que recuerda a los emparentados flamboyanes. Se propaga con facilidad por semillas, y la encontramos más a menudo en los mercados de plantas que en centros de jardinería, donde es poco común.

SUS CONDICIONES IDEALES

> **Suelo:** cualquier tierra de jardín bien drenada en clima frío, ya que no le gusta la humedad fría de una tierra arcillosa, pero en zonas de clima templado se conforma con cualquier suelo, incluso los áridos.

> **Exposición:** al sol, protegida de las corrientes de aire.

> **Rusticidad:** –10 °C en ambiente seco, –5 °C en un entorno húmedo.

> **Mantenimiento:** ninguno. Deje que un ramo de flores produzca semillas para plantarlas cuando las vainas se sequen, ya que vive unos 10 años. En estado silvestre es desordenado; forma un bello parasol sostenido por 3 tallos. Pódelo a principios de primavera, cuando han cesado las heladas, para vaciarlo y retirar los tallos secos. Arbusto; h.: 1,50 m; f. en verano.

Caesalpinia gilliesii

CALLISTEMON SP.

Calistemos

Se los conoce por el poco favorecedor nombre de *limpiatubos* por la forma de sus inflorescencias, y son muy apreciados en jardines mediterráneos y de zonas atlánticas por sus hojas persistentes y brillantes, y por su forma de pequeños arbustos siempre limpios, aunque requieren cierto cuidado hasta que se adaptan. *Callistemon rigidus* es el calistemo más resistente de flores rojas; florece en primavera. *C. salignus*, en cambio, produce unos pequeños cepillos de color amarillo claro por encima de unas hojas con brotes tiernos rojos durante toda la temporada de calor.

SUS CONDICIONES IDEALES

> **Suelo:** *C. rigidus* acepta suelos arcillosos, incluso calcáreos.

> **Exposición:** estos arbustos de luz necesitan estar a pleno sol y prefieren lugares al resguardo.

> **Rusticidad:** –10 °C en clima seco; en zonas frías y húmedas es mejor cultivarlos en maceta para colocarlos una galería en invierno.

> **Mantenimiento:** en el suelo, ninguno; en maceta, riéguelos con un abono líquido una vez al mes entre abril y julio, y en invierno cuando la tierra esté seca al tacto. Arbustos; h.: 2 m; f. según las especies.

Callistemon salignus

CAPPARIS SPINOSA

Alcaparrera

Sus flores no solo son unas de las más bellas del jardín en verano, sino que también perfuman el ambiente cuando el calor de la tarde las acaricia. Los amantes de las alcaparras no las dejan florecer, ya que prefieren confitar sus rollizas yemas en vinagre. Los frutos también se pueden consumir de este modo. Este pequeño arbusto flexible y espinoso, con hojas redondas lisas de un verde alegre, es caduco, y no siempre arraiga fácilmente.

SUS CONDICIONES IDEALES

> **Suelo:** lo ideal es la parte superior de un muro de piedra seca o un derrubio pedregoso, ya que no soporta la humedad.

> **Exposición:** a pleno sol, o, de lo contrario, decaerá inexorablemente.

> **Rusticidad:** es perfectamente rústico una vez es adulto, pero durante los 5 primeros años después de plantarlo es muy sensible a las heladas con humedad.

> **Mantenimiento:** ninguno.

Arbusto; h.: 70 cm; f. en verano.

Capparis spinosa

CARYOPTERIS X CLANDONENSIS

Carióptera

Este discreto arbusto de hojas verde grisáceas, aromático con el simple roce, solo se hace patente cuando florece en una multitud de espigas que se cubren de abejas a finales de verano. Se mantiene en flor durante todo un mes. «Grand Bleu» y «Kew Blue», de porte compacto, y «Heavenly Blue» recorren toda la gama de azules.

SUS CONDICIONES IDEALES

> **Suelo:** le agradan los suelos arcillosos, incluso saturados de agua en invierno y secos en verano.

> **Exposición:** se recomienda ponerla a pleno sol, pero también florece en la semisombra, en este caso con unos colores más sutiles. No es recomendable como seto, dado que requiere la protección de un jardín para producir una floración abundante.

> **Rusticidad:** perfecta, incluso en ejemplares jóvenes recién plantados en otoño.

> **Mantenimiento:** pódela en cuanto pierda la flor para potenciar que salgan nuevos brotes, garantía de una floración abundante al verano siguiente.

Arbusto; h.: 60 cm; f. de agosto a octubre.

Caryopteris x clandonensis

ÁRBOLES Y ARBUSTOS DE LOS JARDINES SECOS

CEANOTHUS SP.

Ceanotos

Su floración azul es símbolo de los jardines junto al mar. No obstante, para disfrutar de estos azules vibrantes hay que elegir variedades persistentes, ya que las caducifolias presentan tonos apagados. En la mayoría de regiones, necesitan la protección de un muro, ya que son muy sensibles a las heladas y frágiles, con una longevidad raramente superior a los 10 años. En abril o mayo su floración, con aroma a miel, atrae a los insectos libadores. «Concha» es un arbusto de 3 m, con abundantes pequeñas espigas de color azul oscuro, mientras que «Yankee Point» forma una masa azul intenso más baja (1 m).

SUS CONDICIONES IDEALES

> **Suelo:** les gustan los suelos ricos en humus, pero no toleran los que retienen la humedad; en cambio, las variedades que se citan aquí se adaptan a la caliza.
> **Exposición:** en la semisombra su floración es más matizada, y también dura más. En todo caso, deben plantarse al resguardo de las corrientes de aire.
> **Rusticidad:** –10 °C en clima seco. En zonas húmedas acolche el pie bajo una capa de 20 cm de hojarasca.
> **Mantenimiento:** evite regarlos en verano, ya que contraen fácilmente la fitóftora, que ataca su cuello y los marchita. Acólchelos.
Arbustos; h.: 1-3 m; f. en primavera.

Ceanothus «Concha»

CERCIS SILIQUASTRUM

Árbol del amor

Con sus ramilletes de florecillas rosa intenso que surgen directamente de la corteza oscura de sus gruesas ramas, del tronco e incluso del extremo de las ramitas, anuncia el retorno de la primavera mucho antes de que aparezcan sus hojas redondas y lisas, primero de color castaño, luego de un verde mate y, por último, en otoño, amarillas. «Bodnant» florece con un magenta más brillante que la especie tipo, y «Alba» es de un blanco escarchado. A esta curiosa floración le siguen unos ramilletes de grandes vainas pardas. Es un arbolillo a menudo de porte tortuoso, notablemente abierto y de crecimiento muy lento.

SUS CONDICIONES IDEALES

> **Suelo:** terreno ligero, incluso calizo o muy arenoso.
> **Exposición:** a pleno sol para que florezca bien.
> **Rusticidad:** perfecta en toda la península Ibérica.
> **Mantenimiento:** de joven es un arbusto grande, de modo que hay que podarlo para limitarlo a entre 1 y 3 troncos.
Árbol; h.: 3-5 m; f. en abril.

Cercis siliquastrum «Bodnant»

CISTUS SP.

Jaras

Las jaras o estepas, originarias de las Canarias y del matorral mediterráneo, se consideran, erróneamente, frágiles, ya que en terrenos secos son muy rústicas. Estos arbustos persistentes anuncian la primavera cubriéndose de florecillas redondas de pétalos sedosos, a menudo realzados por una corona de manchas oscuras que realzan el amarillo de su plumero de estambres. Son perfectas como friso encima de un muro de piedra seca, cubriendo un talud árido o entre salvias y *Phlomis* en un macizo rocoso. También se desarrollan bien en maceta, en un balcón resguardado y soleado.

SUS CONDICIONES IDEALES

> **Suelo:** cualquier suelo bien drenado, incluso árido o calizo, es adecuado para ellas. En maceta, plántelas en una mezcla a partes iguales de arena gruesa, tierra común y compost preparado.

> **Exposición:** deben estar a pleno sol, o bien se marchitan y florecen poco.

> **Rusticidad:** hasta –10 °C en zonas donde el invierno es seco, pero quedan reducidas a nada con la primera helada que llega tras una época húmeda, sobre todo si las plantas son jóvenes.

> **Mantenimiento:** corte las flores marchitas para que la mata adquiera volumen y florezca profusamente. Arbustos; h.: 1-2 m; f. en verano.

DOS DE HOJAS ATERCIOPELADAS

Cistus albidus

> **En algunas zonas,** este arbusto redondo y compacto es denominado *bocha blanca* a causa del aspecto afieltrado de sus hojas. A principios de verano lo vemos florecer con multitud de ramilletes de un color rosa intenso. Es célebre por tolerar muy bien la caliza. H.: 1 m.

Cistus creticus

> **Se reconoce por sus hojas onduladas** y su porte redondo, hermoso durante todo el año. Su floración de un rosa radiante aparece a comienzos de verano con pequeños ramilletes de 3 a 5 grandes corolas arrugadas, de 3 a 6 cm de diámetro. H.: 1 m.

DOS DE HOJAS BRILLANTES

Cistus laurifolius

> **Sus largas hojas oscuras impregnan los dedos** con un olor a pimienta. A finales de primavera desaparecen bajo grandes ramos de flores de un blanco níveo. Su porte es más bien erecto, pero grácil, sobre todo cuando la edad muestra sus múltiples ramas tortuosas. H.: 1,50-2 m.

Cistus x purpureus

> **Muy común, se reconoce por** sus brotes tiernos, rojos y brillantes, que surgen de un follaje ondulado, verde claro. Su floración, particularmente dilatada, se distribuye desde finales de primavera hasta mediados de verano, y sus corolas rosas son de las más grandes. H.: 1 m.

Cistus laurifolius

Cistus x purpureus

COLUTEA ARBORESCENS

Espantalobos

A menudo, sus abultadas vainas constituyen una característica en verano, ya que en primavera su floración en ramilletes de flores amarillas y sus hojas de alfalfa verde no la distinguen claramente de las retamas y las coronillas, de aspecto más vistoso en esa época. Como es caduco, el invierno lo desnuda, pero sus ramos de vainas persisten hasta avanzado el otoño. Este arbusto compacto, habituado a las zonas de matorral, es perfecto para terrenos áridos. Crece lentamente; es el precio que paga por su adaptación a las condiciones más difíciles.

SUS CONDICIONES IDEALES

> **Suelo:** cualquier terreno drenado, aunque sea pobre.
> **Exposición:** necesariamente a pleno sol, incluso expuesto al viento, o bien produce una floración escasa. Soporta muy bien la contaminación y la salinidad.
> **Rusticidad:** perfecta.
> **Mantenimiento:** sostenido por entre 3 y 5 troncos resulta muy decorativo, ostentando un porte tortuoso.
Arbusto; h.: 2-3 m; f. en primavera.

Colutea arborescens

CORONILLA EMERUS

Coroneta

D esde la primavera hasta las heladas, este pequeño y gracioso arbusto produce unos racimos de flores amarillas en oleadas más o menos densas. Son fragantes y alegran un follaje claro y caduco, mezclándose con los frutos, unas bellas vainas claras bastante parecidas a las del espantalobos.

SUS CONDICIONES IDEALES

> **Suelo:** es un arbusto ideal para un terreno pedregoso o rocoso. En maceta, plántela en una mezcla drenante, a base de tierra común, grava y compost preparado mezclados a partes iguales.
> **Exposición:** en la semisombra y protegida del viento es como mejor florece.
> **Rusticidad:** excelente en un suelo drenado. Cultívela protegida por un muro orientado al oeste.
> **Mantenimiento:** pode las ramas secas a comienzos de primavera.
Arbusto; h.: 1,5 m; f. de mayo a octubre.

Coronilla emerus

COTINUS COGGYGRIA

Árbol de las pelucas

> **Rusticidad:** perfecta.
> **Mantenimiento:** para que produzca flores en abundancia y conserve un porte estético, pódelo drásticamente cada primavera, de lo contrario, se irá despoblando y perderá su prestancia.
Arbusto; h.: 2 m; f. en verano.

Lo encontramos bordeando carreteras de montaña, elevándose sobre derrubios de rocas, adornado con grandes panículas rosa claro, rutilantes de colores en otoño, antes de la caída de las hojas. Pero en el jardín, más que este silvestre intrépido se suele preferir variedades con más color: «Grace», de grandes panículas rosa intenso sobre un fondo de grandes hojas rojas y diáfanas, espléndidas en otoño, o «Flame», con unas hojas redondas muy verdes y flores de un vaporoso rosa vivo. Esta especie caduca es de porte arbustivo redondeado.

SUS CONDICIONES IDEALES

> **Suelo:** cualquier terreno, preferiblemente húmedo a cierta profundidad. Prefiere la grava y una cobertura de losas.
> **Exposición:** a pleno sol para obtener una floración soberbia y hojas de color intenso.

Cotinus coggygria

Los árboles de las pelucas en flor producen grandes plumeros vellosos.

ELAEAGNUS SP.

Eleagnos

E stos arbustos originarios de regiones secas aúnan la elegancia de sus hojas con una atractiva floración, a menudo perfumada, que se escalona desde la primavera hasta las heladas, y que deja paso a unas llamativas bayas. Los más rústicos son ideales para setos; los demás, en espalderas o en solitario, pueden decorar un pequeño jardín.

SUS CONDICIONES IDEALES

> **Suelo:** les gusta cualquier tierra de jardín de calidad, incluso seca en verano; en cambio, los suelos muy calcáreos, superficiales, muy pronto les provocan clorosis.

Elaeagnus pungens «Maculata»

> **Exposición:** crecen bien tanto en la semisombra como a pleno sol. *Elaeagnus* x *ebbingei* incluso puede soportar el viento del norte y florecer profusamente.
> **Rusticidad:** perfecta una vez adulto. Hasta los 5 años, protéjalo con un acolchado permanente.
> **Mantenimiento:** pódelo cada 3 o 4 años para adaptarlo al espacio que desee. *E.* x *ebbingei* puede convertirse en un seto podado o en una figura decorativa.
Arbustos; h.: 3-6 m; f. según las especies.

DOS BELLOS CADUCOS
Elaeagnus angustifolia
> **Es el «olivo de Bohemia»,** característico de zonas costeras, donde su porte plateado forma cortavientos eficaces que llegan al mar, ya que el viento y la salinidad no le suponen ningún problema. Florece en junio con unos pequeños y fragantes racimos amarillo claro, seguidos en otoño por unos frutos rubios de tono plata. H.: 6 m.
Elaeagnus commutata
> **Al natural es un arbusto grande** que retoña, con hojas plateadas, pero se puede transformar fácilmente en un arbolillo de múltiples troncos cortándole el ramaje hasta 80 cm de altura. Su floración crema, aureolada de plata, perfuma durante el mes de mayo. En otoño produce bayas rojas cubiertas de una pruina plateada. H.: 3-4 m.

DOS BELLOS PERSISTENTES
Elaeagnus x *ebbingei*
> **Es el arbusto de seto más común** por su rápido crecimiento y su gran resistencia. Soporta los inviernos más rigurosos, incluso orientado hacia el norte, y vive en todos los suelos, desde los más arenosos hasta los más arcillosos. Sus hojas verdes redondeadas, oscuras, con el haz plateado, ocultan una abundante floración de campanillas crema con fragancia a jazmín desde septiembre hasta las heladas. Para placer de los pájaros, en invierno produce pequeños dátiles castaños. H.: 3-5 m.
Elaeagnus pungens
> **Muy parecido a** *E.* x *ebbingei,* tiene hojas más largas y crecimiento más lento. Sus brotes tiernos están cubiertos de una pruina beis oscura. Destacan las variedades jaspeadas, como «Maculata», de hojas amarillas bordeadas de verde, o «Variegata», verdes ribeteadas de crema, que animan los rincones umbríos del jardín. La floración y fructificación son iguales a *E.* x *ebbingei.* H.: 3-5 m.

FATSIA JAPONICA

Fatsia, aralia

En otoño, sus grandes hojas palmeadas se coronan de racimos de bolas de color verde claro, bastante parecidos a las de la emparentada hiedra silvestre. Se desarrolla bien como planta de interior y como arbusto, animando terrazas y pequeños jardines, en maceta o en el suelo. Su porte amplio y sus grandes hojas brillantes y persistentes se adaptan a todas las condiciones de cultivo.

SUS CONDICIONES IDEALES

> **Suelo:** siente predilección por cualquier tierra de jardín de calidad. En maceta, mezcle, a partes iguales, compost preparado con tierra de jardín y riéguelo copiosamente hasta que aparezcan nuevos brotes.

> **Exposición:** al resguardo de las corrientes de aire, preferiblemente en semisombra; también se desarrolla a pleno sol, aunque entonces sus hojas son más gruesas y menos atractivas.

> **Rusticidad:** –5 °C; en zonas frías, cultívela en maceta para colocarla en una galería en invierno.

> **Mantenimiento:** cámbiela de maceta cada 2 años, y córtele las hojas marchitas. En invierno riéguela solo cuando la superficie de la maceta esté seca. Cuando la plante en el suelo, proteja su pie con 10 cm de hojas secas. Arbusto; h.: 1-2,50 m; f. en otoño.

FICUS CARICA

Higuera

Sus hojas grandes y palmeadas, de un verde alegre, y su porte abierto y flexible, nos recuerdan el Mediterráneo, aunque la encontramos en toda la península Ibérica, al aire libre. En un jardín con clima benigno, viven todas las variedades, pero en regiones frías y húmedas escoja «Rouge de Bordeaux» o «Longue d'Août».

SUS CONDICIONES IDEALES

> **Suelo:** siente predilección por cualquier tierra de jardín de calidad con un buen drenaje, aunque sea pedregosa, pero fértil en las capas profundas.

> **Exposición:** a pleno sol. En las zonas frescas, opte por una ubicación protegida al sur o al oeste, pero nunca plante una higuera a menos de 1 m de un muro, ya que los retoños podrían deteriorarlo.

> **Rusticidad:** excelente en un suelo drenado, pero las variedades bíferas que crean los frutos de primavera a partir de otoño se hielan a –8 °C; por ello hay que elegir variedades bien identificadas para el cultivo en zonas frías.

> **Mantenimiento:** durante los 5 primeros años, añada dos paladas de compost cada primavera y acolche bien el pie para que se desarrolle rápidamente, ya que la higuera se acoda con facilidad.

Árbol; h.: 3 m; fructificación en agosto-septiembre.

ÁRBOLES Y ARBUSTOS DE LOS JARDINES SECOS

Fatsia japonica

Ficus carica

FREMONTODENDRON CALIFORNICUM

Fremontia

S i busca un arbusto persistente que florezca desde comienzos de verano hasta las heladas, elíjala. Simplemente junto a un muro, lo cubre con rapidez, desplegando un denso follaje palmeado, verde oscuro y mate, así como multitud de corolas amarillas muy vistosas que persisten durante mucho tiempo. Las más bellas son las de «Pacific Sunset», amarillo limón; las corolas oscuras de «California Glory» parecen menos frescas.

SUS CONDICIONES IDEALES

> **Suelo:** es adecuada cualquier tierra de jardín de calidad, incluso un poco calcárea. En maceta, cultívela en una mezcla a partes iguales de tierra de jardín y compost preparado.

Fremontodendron californicum

La fremontia es ideal para un muro bien soleado.

¿LO SABÍA?

Este arbusto tiene un porte algo ingrato durante los 3 primeros años. Como florece casi todo el año si está cerca de un muro, no dude en **tutorar los brotes tiernos** lo máximo posible en sentido horizontal. Crecerá antes, florecerá más y, además, adquirirá elegancia.

> **Exposición:** aunque crece muy bien en semisombra, su floración es más abundante a pleno sol, aunque siempre protegida de las corrientes de aire. Produce muchas flores en las galerías.
> **Rusticidad:** perfecta, si se encuentra al resguardo de la humedad invernal.
> **Mantenimiento:** corte las flores marchitas. Si adquiere demasiado volumen, pódela en primavera.
Arbusto; h.: 2-3 m; f. de junio a octubre.

GENISTA SP.

Retamas

Su espectacular floración amarilla de suave fragancia anuncia la primavera. Es originaria de la zona de matorrales y los pastos pobres, y se conforma con poco para formar rápidamente hermosas matas cuyas finas ramas verdes se conservan hermosas todo el año. El precio de este crecimiento rápido son arbustos que raras veces viven más de 10 años.

Genista sp.

Un arbusto de intenso colorido durante todo el año.

SUS CONDICIONES IDEALES

> **Suelo:** filtrante, incluso arenoso y pobre. En suelos ricos florecen poco y duran poco tiempo.
> **Exposición:** florecen muy bien a pleno sol y también a la sombra, y soportan las corrientes de aire.
> **Rusticidad:** perfecta en terreno bien drenado; en uno arcilloso sucumben al primer invierno húmedo y gélido.
> **Mantenimiento:** corte las flores marchitas al final de la floración y las ramitas, cada vez más numerosas, a medida que la planta envejezca. Puede plantar esquejes en verano o sembrar las semillas en cuanto las recoja. Arbustos; f. en primavera.

DOS GRANDES Y HERMOSAS (> 2 m)
Genista aetnensis
> Con su aspecto de arbusto llorón y sus ramas muy finas preside un macizo de flores o da relieve a un rincón de jardín silvestre y árido. Su floración, muy duradera, se escalona desde primavera hasta comienzos de verano; por desgracia debe reservarse a climas suaves, ya que no soporta temperaturas inferiores a los –5 °C.
H.: 2 m, hasta 5 m en zonas cálidas.
Genista hispanica (aliaga de ciento en pie)
> Su porte redondo y aéreo es común en autopistas, cuyos taludes alegra con su luminosa floración amarilla en mayo y junio. Esto nos indica cuán fácilmente se aclimata a las condiciones más ingratas, si bien precisa luz para desarrollarse. H.: 1-2 m.

DOS PEQUEÑAS Y HERMOSAS (60-90 cm)
Genista lydia
> La puede admirar en viejos jardines botánicos, donde a menudo rodea los arriates de arbustos formando gruesas matas de tallos esbeltos, de color verde azulado y algo espinosos. En junio desaparece bajo una profusión de florecillas amarillas. De porte compacto, se extiende lentamente, hasta 1 m de ancho. H.: 60 cm.
Genista tinctoria (retama de tinte)
> Recibe este nombre porque antiguamente se empleaba bastante para teñir telas. De marzo a junio, sus hojas, de un color verde intenso, resaltan bajo los racimos amarillos dorados. Existe una forma doble, «Flore Pleno», cuya floración es más prolongada. Se puede cultivar en maceta, en una mezcla de 2/3 de tierra y 1/3 de mantillo preparado. H.: 60-90 cm.

HYPERICUM ANDROSEAMUM

Androsemo

Este pequeño arbusto redondo, perfectamente defi-nido, es ideal para llenar un macizo de vivaces, combinado, por ejemplo, con una clemátide herbácea azul. A su larga floración estival le siguen unas bayas anaranjadas que animan sus largas hojas de color verde dorado. Su tono es particularmente intenso en «Orange Flair». Al contrario que las emparentadas vivaces, nunca amenazará con invadir el jardín, pero con los años tendrá tendencia a redondearse.

SUS CONDICIONES IDEALES

> **Suelo:** se adecúa a cualquier tierra de jardín de ca-lidad. Puede cultivarlo en maceta en una mezcla de 2/3 de tierra de jardín y 1/3 de compost.
> **Exposición:** en la semisombra florece muy bien, y sus hojas resultan más hermosas que a pleno sol.
> **Rusticidad:** correcta en cualquier zona.
> **Mantenimiento:** en el suelo, ninguno. En maceta hay que trasplantarlo cada 2 años en primavera.
Arbusto; h.: 80 cm; f. de junio a septiembre.

Hypericum androseamum

JUNIPERUS SP.

Enebros

Ahusados o abiertos, son arbustos que se adaptan a los terrenos secos, incluso en climas rigurosos.

SUS CONDICIONES IDEALES

> **Suelo:** resistentes, prefieren suelos calcáreos, filtran-tes, incluso áridos. En maceta, use una mezcla a partes iguales de compost preparado, grava y tierra franca.
> **Exposición:** se adaptan bastante bien a las corrientes de aire, pero crecen con más rapidez al resguardo.
> **Rusticidad:** perfecta en los climas más rigurosos, incluso húmedos.
> **Mantenimiento:** ninguno, y afortunadamente, ya que todas las variedades de *Juniperus communis* pinchan. Arbustos o arbolillos; f. según las especies.

UNO PEQUEÑO (80 cm) Y UNO GRANDE (5 m)

***Juniperus communis* «Compressa» (enebro real)**
> **Sus hojas persistentes, finas y ásperas** son de un verde alegre en primavera y azuladas en invierno. Su porte ahusado y su tamaño pequeño permiten cultivarlo en maceta. H.: 80 cm.
***Juniperus communis* «Hortsmann»**
> **Sus largas ramas** son gris verdosas y de porte llorón. Es bonito aislado o en un seto, y alcanza 5 m de altura.

Juniperus sp.

LAVATERA SP.

Malvas arbustivas

Desde junio hasta la época de las heladas son arbustos grandes de flores ligeras con un bello follaje palmeado y aterciopelado. La variedad «Barnsley» es rosada con el centro punteado de rosa vivo, «Rosea» es rosa pálido y «Bredon Springs», rosa oscuro. Su crecimiento es rapidísimo, pero no suelen vivir más de 5 años. Afortunadamente, se reproducen muy bien por esquejes todo el verano.

SUS CONDICIONES IDEALES

> **Suelo:** son unas plantas resistentes que se desarrollan bien en los suelos más ingratos, desde los más arcillosos hasta los más ligeros. En maceta, calcule una de 50 cm de lado, llena de una mezcla a partes iguales de tierra de jardín y compost preparado.

> **Exposición:** florecen tanto en semisombra como a pleno sol; en cambio, el viento las estropea.

> **Rusticidad:** no hay problema con las plantas de más de 3 años; hay que tener cuidado con que la temperatura no descienda más de –10 °C con las más jóvenes. Por precaución, rodee las plantas jóvenes con 10 cm de hojarasca.

> **Mantenimiento:** retire las flores marchitas antes de que aparezcan las semillas y corte esquejes del año. En un rincón umbrío del jardín arraigan muy bien.

Hierbas o arbustos; h.: 1,50 cm; f. en verano.

Lavatera sp.

NERIUM OLEANDER

Adelfa

Su resistencia a la sequía es ejemplar, hasta el punto de que produce una espléndida floración en las autopistas de todo el Mediterráneo. Está tan cómoda en maceta como en el suelo, ya que no es una planta difícil. No tiene problemas en las zonas luminosas, pero puede resultar delicada en los lugares en los que el invierno sea sombrío y húmedo. Existen múltiples variedades que a menudo se venden sin nombre. Elija las que huelen a miel.

SUS CONDICIONES IDEALES

> **Suelo:** se adecúa a cualquier tierra de jardín. En maceta, mezcle tierra común con 1/3 de su volumen de compost preparado.

> **Exposición:** necesita una ubicación a pleno sol y protegida de las corrientes de aire para florecer bien en las zonas no meridionales.

> **Rusticidad:** excelente en seco y en suelos bien drenados. En maceta, acérquela a una fachada antes de las primeras heladas y protéjala de las lluvias heladas.

> **Mantenimiento:** en invierno controle las cochinillas pardas y elimínelas rociándolas con una solución aceitosa. Apenas la riegue. En cambio, en verano, si la cultiva en maceta, riéguela bien una vez por semana.

Arbusto; h.: 2-5 m; f. en verano.

Nerium oleander

OLEA EUROPAEA

Olivo

Sus hojas persistentes gris verde, de forma nítida, y su propensión a fructificar en zonas menos soleadas que las regiones mediterráneas de donde es emblema lo han hecho muy popular en los últimos años. Es bastante fácil cultivarlo en maceta en una terraza, siempre que podamos protegerlo de la humedad en invierno. Rodéelo de lavandas, salvias y artemisias para crear escenas luminosas. Su crecimiento es muy lento, pero los ejemplares pequeños se aclimatan mucho mejor que los grandes a los jardines no mediterráneos.

SUS CONDICIONES IDEALES

> **Suelo:** preferiblemente un suelo profundo, rico pero bien drenado. En maceta, plántelo en una mezcla a partes iguales de tierra de jardín y compost preparado.
> **Exposición:** al sol, protegido de las corrientes de aire.
> **Rusticidad:** su cultivo en zonas frías está a merced de un invierno húmedo y gélido, ya que soporta bastante bien el frío una vez es adulto (hasta 10 años, al menos), pero es vulnerable a la humedad y las heladas.
> **Mantenimiento:** pódelo en invierno, tras la recolección de las aceitunas, suprimiendo las ramas entrecruzadas.
Árbol; h.: 5-7 m; fructificación en otoño.

Olea europaea

OLEARIA X HAASTII

Olearia

Es la *Olearia* más rústica. Sus hojas, pequeñas, coriáceas, brillantes y persistentes, se cubren de capítulos estrellados de julio a septiembre. Su crecimiento es muy lento, pero su porte compacto y redondeado es hermoso desde joven. Puede cultivarse con teucrios, manrubios y *Phlomis* en un jardín junto al mar o mediterráneo, ya que solo florece bien bajo cielos luminosos.

SUS CONDICIONES IDEALES

> **Suelo:** necesita un suelo filtrante, ligero y bien enriquecido en compost preparado en el momento de plantar.
> **Exposición:** protéjala de las corrientes de aire, sobre todo junto al mar, ya que soporta su salinidad ambiental, aunque hay que tener en cuenta que estropea su bello aspecto.
> **Rusticidad:** perfecta en esta especie, siempre que el suelo sea permeable.
> **Mantenimiento:** pódela ligeramente para darle forma cada 2 o 3 años.
Arbusto; h.: 1,5 m; f. de julio a septiembre.

Olea x haastii

Phlomis

Estas magníficas plantas, emparentadas con las salvias, son extraordinariamente rústicas en un jardín seco. Las hay de dos tipos: vivaces y sufrútices persistentes, tan anchos como altos, de hoja gris aterciopelada. Son elegantes todo el año, ya que una vez pierden la flor, sus tallos florales se mantienen bellos al secarse y se conservan durante todo el invierno para placer de los pájaros, que picotean sus semillas.

SUS CONDICIONES IDEALES

> **Suelo:** estas plantas resistentes se desarrollan en cualquier suelo, desde el más arcilloso al más ligero, aunque prefieren tierras calcáreas o neutras.

> **Exposición:** a pleno sol muestran su mejor aspecto, pero también se conforman con semisombra, y *Phlomis russeliana* se desarrolla incluso en los setos. Todas resisten la salinidad de la costa.

> **Rusticidad:** las descritas soportan el frío intenso.

> **Mantenimiento:** corte los tallos florales secos a finales de invierno. El arbusto también se puede podar drásticamente para retocarlo en cuanto cesen las heladas o, en zonas cálidas, en otoño.

Vivaces o sufrútices; h.: 80 cm-2 m; f. según las especies.

DOS BELLAS VIVACES

Phlomis cashmeriana

> **Esta bonita vivaz de grandes hojas gris dorado** florece en julio, cuando irrumpen grandes coronas de corolas rizadas de un rosa muy claro. Cuando termina la floración, los tallos bien rectos siguen coronados por cálices verdes fragantes, que se secarán intactos. Está espléndida en una maceta o en una tinaja grande decorada con grava. H.: 80 cm.

Phlomis russeliana

> **Produce largos tallos jalonados por coronas de flores** de un amarillo pálido a partir de junio. Las flores marchitas dejan paso a unos cálices verde claro que impregnan los dedos con una sustancia de suave fragancia. En invierno es particularmente hermosa, cuando la escarcha ribetea sus hojas, que son verde claro, ater-ciopeladas, con el envés plateado. Es intrépida, puede colonizar un macizo entero produciendo retoños y a partir de sus semillas. H.: 80 cm.

DOS BELLOS SUFRÚTICES

Phlomis fruticosa (oreja de liebre)

> **Este sufrútice de hojas de un color verde grisáceo** es el más popular de todos. En julio, sus flores se abren en lo alto de tallos flexibles como una bandada de mariposas amarillo limón que coronan toda la planta. Contrariamente a su reputación, es muy rústica, incluso en un suelo arcilloso, donde puede alcanzar 2 m de altura.

Phlomis purpurea (matagallo)

> **Se inclinará grácilmente sobre un camino de grava,** con sus hojas pequeñas replegadas sobre un ribete de terciopelo gris. En la axila de cada par de hojas eclosiona un ramillete de flores rosadas. Si el verano es muy seco puede perder las hojas, pero aun así mantiene su aspecto agradable. H.: 1 m.

Phlomis fruticosa

PHOTINIA X FRASERI

Fotinia de Fraser

S us hojas de laurel brillante, persistentes, animadas por los brotes tiernos púrpuras, su floración en ramos blancos en verano y su rusticidad han popularizado este arbusto en los últimos años. Para no dar un aspecto anodino a su jardín, utilícelo con moderación, como seto mezclado o aislado en el fondo de un macizo de vivaces, con otros arbustos de flor.

SUS CONDICIONES IDEALES

> **Suelo:** siente predilección por cualquier tierra de jardín de calidad, incluso arcillosa. En suelos pobres crece despacio y requiere mucho compost y agua para adaptarse.
> **Exposición:** está a gusto tanto a pleno sol como en la sombra, aunque esta le confiere un aspecto más gracioso.
> **Rusticidad:** perfecta, en cualquier zona.
> **Mantenimiento:** pódela al final de la floración para que se mantenga densa y florida. Acólchela durante la etapa de crecimiento para que arraigue pronto, ya que si sufre perderá su porte, y solo una poda drástica y una abundante aportación de compost podrán restablecerla.
Arbusto; h.: 2 m; f. en verano.

Photinia x fraseri

PINUS SP.

Pinos

L es cuesta arrancar y requieren cuidados los 2 primeros años, pero entonces precisan pocas atenciones.

SUS CONDICIONES IDEALES

> **Suelo:** son poco exigentes (suelo no demasiado calcáreo).
> **Exposición:** se desenvuelven aun expuestas al viento.
> **Rusticidad:** perfecta en los citados aquí.
> **Mantenimiento:** durante los 3 primeros años, no deje de regarlos, acólchelos a comienzos de primavera y riéguelos si hay sequía. Puede podarlos a su gusto, preferentemente en junio.
Árboles; h.: 2-15 m.

DOS HERMOSOS

Pinus mugo (pino negro)
> **Forma una bella masa de color verde oscuro** de agradable porte. La especie tipo alcanza 2 m de altura, pero variedades como «Mops» no superan 1 m. Está cómodo en suelos rocosos.
Pinus pinea (pino piñonero)
> **Se aclimata muy bien.** Protéjalo los 5 o 6 años después de plantarlo si los inviernos son rigurosos. Pode su tronco hasta 1,50 m de altura para que adquiera pronto su forma característica. H.: 15 m.

Pinus sp.

PITTOSPORUM SP.

Pitósporos

Este arbusto de hojas persistentes y elegantes es un gran aliado de los jardines secos. Su sensibilidad al frío húmedo los limita a las regiones de clima más benigno o a un cultivo en maceta o en terrazas protegidas.

SUS CONDICIONES IDEALES

> **Suelo:** en todos los suelos ligeros, incluso arenosos.
> **Exposición:** ¡cualquier lugar!, incluso a pleno viento.
> **Rusticidad:** resisten olas de frío seco hasta –10 °C.
> **Mantenimiento:** controle las arañas rojas cuando el tiempo sea seco. Si los invaden, rocíe los arbustos para eliminarlas. Pódelos en junio, cuando la vegetación se ralentiza, si desea limitar su crecimiento… muy lento. Arbustos; h.: 80 cm-3 m; f. en verano.

UN BELLO FOLLAJE

Pittosporum tobira (pitósporo japonés)
> **Sus brillantes hojas laqueadas,** persistentes, de un verde alegre, son comunes junto al mar; además, perfuman el ambiente de mayo a julio con su floración blanca. Sus grandes frutos, al comienzo verdes, se tornan rojos en otoño. La especie tipo alcanza lentamente los 2 o 3 m, pero hay una variedad, «Nana», muy compacta, que apenas supera los 80 cm.

Pittosporum tobira

PUNICA GRANATUM

Granado

Con sus hojas lustrosas salpicadas de campanillas carnosas de un naranja intenso no pasa desapercibido. Su floración suele durar hasta mediados de invierno, a pleno sol. Solo las variedades de flores simples dan frutos. Son enormes en la especie tipo, y menudos en la variedad «Nana», de 1 m de altura y anchura. No produce sus primeros frutos hasta después de 5 o 6 años de cultivo.

SUS CONDICIONES IDEALES

> **Suelo:** todos los suelos bien drenados, incluso calizos.
> **Exposición:** aunque se considera un poco rústico, produce abundantes frutos al resguardo de un muro soleado y en un suelo bien drenado.
> **Rusticidad:** durante los 4 primeros inviernos después de su plantación, protéjalo de las heladas acolchándolo generosamente con una capa de 10 cm de grosor.
> **Mantenimiento:** en maceta, trasplántelo cada 2 años en una mezcla bien drenada, pero rica, a razón de 2/3 de compost preparado y 1/3 de tierra ligera. Disponga también una capa de drenaje de 5 cm en el fondo de la maceta. Arbusto o arbolillo; h.: 5-6 m; fructificación en otoño.

Punica granatum

QUERCUS SP.

Encinas y robles

Soportan admirablemente la sequía, pero son árboles que hay que cuidar bien durante los 4 primeros años después de plantarlos. La siembra directa da ejemplares más fuertes. La mayoría son caducos, pero conservan las hojas secas hasta bien avanzado el invierno. Son necesarios 10 años largos hasta que estos árboles no adquieren un aspecto hermoso.

SUS CONDICIONES IDEALES

> **Suelo:** aunque se adaptan a terrenos pobres, incluso calcáreos, prefieren suelos profundos y bien drenados.
> **Exposición:** resisten muy bien el frío, pero las especies mediterráneas como la encina deben protegerse con un acolchado permanente durante los 2 años siguientes a su plantación.
> **Rusticidad:** perfecta en los citados aquí.
> **Mantenimiento:** durante 4 años después de plantarlos, acolche el pie de los ejemplares jóvenes en 1 m², en

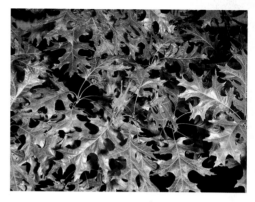

Quercus rubra

primavera, con una capa de 10 cm de césped segado para mantener el suelo húmedo, blando y sin competencia. Árboles; h.: 15-30 m.

UN BELLO PERSISTENTE

Quercus ilex (encina)
> **Con su follaje de acebo oscuro y lustroso,** y su porte ancho y voluminoso desde el suelo, puede formar setos elegantes. En primavera es particularmente bello, con sus brotes plateados, mezclados con ramilletes de amentos amarillos. Este ejemplar mediterráneo resiste el frío, pero su crecimiento es lento. H.: 20 m.

TRES HERMOSOS CADUCOS

Quercus frainetto (roble de Hungría)
> **Sus grandes hojas de 20 cm de largo,** con numerosos lóbulos redondos, son particularmente bellas. Es verde oscuro en verano, y vira a un amarillo dorado en otoño. Es uno de los robles que crece con mayor rapidez. H.: 30 m.
Quercus robur «Fastigiata» (roble piramidal)
> **Esta variedad de roble pedunculado de nuestros campos** tiene un porte ahusado que intriga, ya que parece un ciprés común. Como él, es ideal para formar grandes cortinas cortavientos. H.: 15 m.
Quercus rubra (roble americano)
> **En otoño se reconoce por su vivo colorido.** Sus grandes hojas recortadas en lóbulos puntiagudos viran de un verde mate oscuro al rojizo. Pero no soporta la caliza y solo muestra su espectacular colorido si está en la sombra. H.: 25 m.

Quercus sp.

ROSA SP.

Rosales

Los rosales antiguos son los menos exigentes en cuanto a riego. Aprovéchelo para elegir entre esta categoría de flores suavemente perfumadas, a menudo mucho más que las variedades contemporáneas. Cabe destacar que los rosales liana son bastante resistentes a la sequía. Una vez adultos, sus raíces nunca sufren con la canícula porque se hunden profundamente en el suelo.

SUS CONDICIONES IDEALES

> **Suelo:** en suelo calcáreo, elija rosales injertados en *Rosa canina*; en un suelo ácido opte por *R. multiflora*.

> **Exposición:** se desarrollan bien tanto a pleno sol como en semisombra. Los rosales liana soportan las corrientes de aire y pueden emplearse como seto protector.

> **Rusticidad:** perfecta, salvo en *R. chinensis*, sensible a las heladas hasta los 5 años.

> **Mantenimiento:** durante los 3 primeros veranos, no deje que sufran por la sequía. A partir de abril, póngales un acolchado de varios metros cuadrados de hierba segada y riéguelos una vez por semana (10 litros por rosal). Arbusto o trepadora; h.: 1,5-5 m; f. según las especies.

DOS BELLOS ARBUSTOS

Rosa x odorata «Mutabilis»

> **Con su floración multicolor,** es el rosal de los jardines rocosos. Este entorno le es indispensable para florecer con exuberancia desde mayo hasta las primeras heladas, formando impresionantes matas de 1,50 m de altura y anchura. Por desgracia, sus flores no tienen aroma.

Rosa gallica var. *officinalis* (rosal de Provenza)

> **No solo es la más espectacular** de las rosas gálicas, sino que además su aroma es típico de esta familia generosa; no obstante, solo florece en junio. «Versicolor» combina el rosa y el blanco, y existen innumerables variedades dobles de pétalos sedosos. H.: 1,50 m.

DOS BELLOS TREPADORES

Rosa moschata (rosa mosqueta)

> **Los rosales almizcleños, creados a principios del siglo XX,** florecen en grandes ramos desde mayo hasta las primeras heladas. Entre los más generosos están «Penelope», con ramos de flores dobles rosadas; «Vanity», rosa vivo con inmensos ramos piramidales; «Buff Beauty», amarillo ocre o crema; «Felicia», rosa porcelana doble; y «Kathleen», de flores simples rosadas. Desprenden una intensa fragancia almizclada. H.: 2-3 m.

Rosa «Wedding Day»

> **Este rosal liana de grandes gavanzas,** al principio crema, luego blancas y al final moteadas de rosa vivo, crece bien no solo en lugares secos, sino también en la sombra. Su floración cubre unas hojas brillantes casi persistentes en mayo y junio. Deja paso a unos frutos anaranjados hasta febrero, que alimentan a los pájaros durante todo el invierno. H.: 3-5 m.

Rosa moschata «Kathleen»

Rosa chinensis «Mutabilis»

Romero

Rosmarinus officinalis «Corsican Blue»

E ste arbusto denso, intensamente aromático, de hojas glabras y lineares, es muy ornamental. De abril a junio se cubre de espigas azules muy apreciadas por las abejas. Son azul claro en el romero de matorral, que alcanza 1 m de altura y anchura. «Corsican Blue» produce flores azul oscuro y forma una ancha mata de 60 cm de altura, mientras que «Prostratus», de color azul lavanda y claramente rastrero, no supera los 15 cm de altura, pero llega a medir 1 m de anchura en muros soleados. Algunas variedades se imponen en las rocallas.

SUS CONDICIONES IDEALES

> **Suelo:** es una planta verdaderamente resistente, ya que acepta del suelo más árido al más arcilloso, aunque en este último caso no suele vivir mucho tiempo.

> **Exposición:** solo una ubicación a pleno sol le otorga un aroma intenso, aunque también prospera en muros orientados al oeste.

> **Rusticidad:** excelente, pero, en suelos arcillosos, tras un invierno riguroso y húmedo, a menudo se marchita de pronto en primavera, en plena floración.

> **Mantenimiento:** corte las flores en cuanto comiencen a ponerse feas. Si coge ramas tiernas de romero común para la cocina ayudará a frenar su crecimiento un poco desordenado y a controlar su porte. Las ramas se pueden conservar secas o congeladas. Las variedades rastreras no requieren poda.

Arbusto; h.: 15 cm-1 m; f. en primavera.

¿LO SABÍA?

Los tallos de romero se pueden acodar.
Deshoje el tallo a unos 10 cm del extremo (a lo largo de 50 cm) y cave un pequeño surco de 15 cm de profundidad en el que enterrará la parte deshojada, sujetándola en el suelo con una grapa metálica.

El romero es muy decorativo sobre un muro.

SALVIA SP.

Salvias

La generosidad de su floración, a menudo opulenta, sus hojas persistentes y aromáticas y su rusticidad han conquistado a los jardineros, y en el transcurso de unos años el abanico de plantas de salvia ha aumentado vertiginosamente. Aquí encontrará una selección de las más rústicas, tanto en maceta como en el suelo.

SUS CONDICIONES IDEALES

> **Suelo:** cualquier suelo drenado; aunque se adaptan a los suelos arcillosos, en ellos florecen menos y suelen sucumbir al primer invierno frío y húmedo.
> **Exposición:** obligatoriamente a pleno sol, al resguardo de las corrientes de aire, o bien la floración será pobre.
> **Rusticidad:** de excelente (*Salvia guaranitica, S. microphylla, S. officinalis*) a escasa (*S. discolor*).
> **Mantenimiento:** cultive las más sensibles al frío en maceta, que deberá introducir en una galería desde otoño hasta primavera. Pódelas a 10 cm del tallo principal en primavera, cuando terminan las heladas, para verlas florecer de manera abundante. Se reproducen fácilmente por esquejes en tierra ligera y umbría.
Hierbas o subarbustos; f. según las especies.

DOS BELLAS GRANDES (70 cm-1,30 m)
Salvia guaranitica
> **Pese a su nombre, que recuerda la Amazonia,** esta belleza majestuosa de grandes hojas caducas es perfectamente rústica: soporta los inviernos más rigurosos (−18 °C) incluso en suelos arcillosos. Es tardía, no despliega sus altas espigas salpicadas de negro y azul índigo hasta julio o agosto, pero florece hasta las primeras heladas. H.: 1,30 m.
Salvia microphylla (salvia rosa)
> **Sus florecillas eran de color coral,** pero los horticultores obtuvieron plantas que producían flores de un rojo vivo («Bloody Bubble»), en todos los tonos de rosa, azul, a veces bicolores, y en ocasiones crema. Estas selecciones suelen ser de híbridos de hojas redondas o alargadas, pero siempre oscuras y lustrosas, de fragancias variadas y sorprendentes. Son comestibles y pueden animar sus

platos. Su floración es ininterrumpida desde junio hasta las primeras heladas. H.: 70 cm.

DOS BELLAS PEQUEÑAS (30 cm-50 cm)
Salvia discolor (gallocresta)
> **Adopta el color de la grosella negra,** tan intenso que parece negro, y también el aroma, que se pega a los dedos con solo tocarla. Unos delicados cálices grises realzan sus corolas oscuras, de elegante perfil. Cultivada en maceta, en una ventana soleada, suele florecer desde finales de verano hasta la primavera siguiente sin interrupción, pero cuidado con las lluvias gélidas, ya que inevitablemente sucumbe a ellas. H.: 30 cm.
Salvia officinalis (salvia oficinal)
> **Es apreciada por sus propiedades medicinales y culinarias** –es indispensable en la cocina–, y existen muchas variantes de aromas más o menos intensos y hojas de aspecto variado, siempre persistentes y afieltradas. Su magnífica floración exhibe toda la gama de azules y rosas pastel. Para que se conserve densa, hay que eliminar las flores antes de que produzcan semillas. H.: 50 cm.

Salvia discolor

VIBURNUM TINUS

Durillo

Su silueta redonda y sus hojas persistentes de color verde oscuro brillantes lo convierten en un arbusto muy apreciado, tanto para completar un espacio como para disponer de un seto siempre verde y poco exigente. Su prolongada floración invernal en ramilletes blancos salpicados de granos rosas es otra de sus cualidades. A la floración le siguen unas bayas de un curioso azul metálico.

SUS CONDICIONES IDEALES

> **Suelo:** esta planta resistente, de desarrollo algo lento, crece con mayor rapidez en tierra arcillosa, pero también le gustan los suelos áridos, incluso calizos.

> **Exposición:** florece mejor al sol, pero se adecúa a cualquier lugar, incluso a la sombra de árboles grandes.

> **Rusticidad:** aunque se le considera un poco frágil a las corrientes de aire gélido, en realidad no es cierto, ya que resiste los inviernos más rigurosos sin sufrir daños.

> **Mantenimiento:** pódelo cada 3 años para que alcance el tamaño deseado. Con él también puede crear bellas figuras decorativas podándolo cada año en junio.
Arbusto; h.: 3 m; f. en invierno.

Viburnum tinus

VITEX AGNUS-CASTUS

Sauzgatillo

Suele ser un arbusto algo desordenado, y aun así elegante, con sus grandes hojas persistentes de un verde sano en forma de estrella, que nacen en ramilletes tupidos. En julio se corona de grandes panículas de un azul malva pálido poco común. Sus flores desprenden un discreto aroma pimentado. Antiguamente se solía plantar en los monasterios, ¡ya que se consideraba que sus bayas aromáticas calmaban el deseo sexual!

SUS CONDICIONES IDEALES

> **Suelo:** no tolera en absoluto la humedad; los suelos mal drenados suelen ser la causa de su escasa longevidad. En cambio, ni la caliza ni los suelos áridos merman su vitalidad.

> **Exposición:** a pleno sol, protegido de los vientos fríos, salvo en zonas cálidas. Soporta bien la salinidad del ambiente junto al mar.

> **Rusticidad:** resiste bien las heladas fuertes en regiones meridionales y en terrenos drenantes; en cambio, un invierno húmedo le resulta fatal.

> **Mantenimiento:** en regiones frías, cultívelo en maceta, en una mezcla de tierra de jardín y arena gruesa a partes iguales, e introdúzcalo en una galería durante el otoño e invierno.
Arbusto; h.: 2-3 m; f. en julio.

Vitex agnus-castus

ÁRBOLES Y ARBUSTOS DE LOS JARDINES SECOS

Las flores que desafían la sequía

ACANTHUS MOLLIS

Acanto

El acanto forma una mata imponente.

Gusta por sus grandes ramos de espigas espinosas de un singular gris azulado, que aparecen a finales de primavera entre unas hojas anchas y recortadas, de color verde oscuro y brillantes. Es persistente en zonas cálidas, pero en lugares fríos se seca en otoño. Su floración se prolonga durante todo el verano; le suceden unos frutos grandes y lisos como endrinas, de un bello tono pardo. Si se siembran una vez maduras, germinan fácilmente.

SUS CONDICIONES IDEALES

> **Suelo:** se desarrolla en cualquier tierra. Puede ser invasor en un suelo arcilloso, en un clima suave, hasta el punto de que se naturaliza en algunos jardines.

> **Exposición:** a pleno sol o en semisombra.
> **Rusticidad:** perfecta, en cualquier región.
> **Mantenimiento:** corte los ramos florales marchitos antes de que las heladas los deterioren. Divida los pies cada 3 años para que se mantengan con flores, ya que los retoños demasiado tupidos florecen poco.
Vivaz; H.: 1 m; f. en verano.

OTROS DOS BELLOS

Acanthus hirsutus
> **Si tiene un jardín pequeño,** elija este acanto turco perfectamente rústico, que no produce retoños y apenas supera los 50 cm. A finales de primavera, sus anchas brácteas verde claro se abren sobre unas corolas de un blanco amarillento.

Acanthus spinosus (acanto espinoso)
> **En un jardín grande de estilo natural** queda muy bien. Sus amplias matas de hojas muy recortadas y espinosas, de 1 m o más, se cubren de grandes espigas (1,50 m) con flores violetas y rosas. Su rusticidad es intachable, pero solo florece bien en regiones soleadas, y exige un suelo bien drenado.

Acanthus mollis

ACHILLEA SP.

Milenramas

Sus finas hojas juveniles les han valido el bello apodo de flor de la pluma. Pese a este follaje verde intenso, y aunque la milenrama es común en el campo, es una planta poco conocida y, a menudo, injustamente rechazada, ya que su rusticidad es excepcional. Con independencia de su tamaño y su origen, todas las milenramas son discretamente aromáticas.

SUS CONDICIONES IDEALES

> **Suelo:** cualquier terreno bien drenado, aunque preferiblemente requiere un buen riego en primavera u otoño.

> **Exposición:** a pleno sol produce su mejor floración. No obstante, en la semisombra la milenrama puede sustituir al césped, ya que se extiende rápidamente.

> **Rusticidad:** sin problema, una vez plantada.

> **Mantenimiento:** poco después de que sus flores se hayan marchitado, muchas adquieren una tonalidad grisácea; entonces precisan una buena poda a nivel de los tallos florales. Sin embargo, las que se marchitan bien, como *Achillea nobilis*, o los híbridos hortícolas de todos los colores, forman alegres ramos de flores secas de tonos pardos. Divídalas cada 3 años para que produzcan una abundante floración.

Vivaces; f. en verano.

DOS HERMOSAS ALTAS (50 cm-1 m)

Achillea filipendulina (milenrama dorada)

> **De un ramillete de hojas vellosas,** como de encaje, verde grisáceas y persistentes, de 20 a 30 cm de ancho, en verano surgen altos tallos rectos y flexibles coronados por racimos planos de un amarillo dorado en la especie tipo, cobrizos en «Altgold» y amarillo vivo en «Gold Plate», la más popular y muy florífera. H.: 1 m en flor.

Achillea millefolium (milenrama)

> **Sus hojas jóvenes en forma de plumas verdes** se suelen mezclar con los tallos verdes de la festuca dura en prados secos. En junio o julio florece en amplios ramilletes blancos, a veces rosados, con un corazón gris. Al marchitarse producen toda una gama de grises

pardos si el verano es seco, y a menudo se propaga por semillas. H.: 50-70 cm en flor.

DOS HERMOSAS RASTRERAS (20-30 cm)

Achillea crithmifolia

> **Procede de los Balcanes** y es una planta resistente de hojas afieltradas gris verdoso, finamente recortadas y persistentes. Crece a gusto en suelos drenados, y extiende incansablemente su domino produciendo retoños en profusión, en semisombra y también al sol. Sus ramilletes de flores crema aparecen a principios de verano y pronto adquieren tonalidades grisáceas. H.: 20 cm en flor.

Achillea nobilis

> **Sus espléndidas hojas aromáticas** de encaje velloso gris verdoso en primavera se cubren de umbelas tupidas amarillo claro, que viran al rojizo durante el verano. Sus hojas, persistentes en invierno, se marchitan a finales de verano para renovarse con las lluvias de otoño. Esta vigorosa planta, que produce retoños, crece con una rapidez excepcional, por lo que es ideal para tapizar un rincón de jardín o incluso un talud sometido a la erosión, a pleno sol. H.: 30 cm en flor.

Achillea filipendulina

AGAPANTHUS SP.

Agapantos

Con sus altos ramilletes de trompetas azules, rosas o blancas ondulando sobre unos tallos más o menos altos, anuncian el verano. Sus hojas lineares, de un verde intenso y alegre, unas veces son persistentes y otras, caducas. Se adaptan especialmente bien junto al mar, donde se suelen propagar por semillas. La isla de Bréhat, en la Bretaña, es célebre por la opulencia de sus agapantos africanos, que se han naturalizado en ella. Todos florecen muy bien en maceta, pero para este uso elija los de floración más prolongada, ya que en la mayoría, la flor apenas dura un mes.

SUS CONDICIONES IDEALES

> **Suelo:** prefieren un suelo rico en humus, bien drenado; para plantar en maceta, mezcle a partes iguales mantillo preparado, arena gruesa y tierra de jardín. Aligere del mismo modo los suelos arcillosos y recálcelos para ofrecerles un drenaje perfecto.

> **Exposición:** a pleno sol, preferiblemente al resguardo, para prolongar su floración, que el viento puede marchitar, o bien reducir su duración.

> **Rusticidad:** los más rústicos resisten pequeñas heladas (–5 °C), en un lugar seco, bajo una capa de hojas secas de 20 cm de grosor.

> **Mantenimiento:** desde primavera y hasta el inicio de la floración, riéguelos una vez al mes con un abono líquido para plantas de flor; en las zonas frías, plántelos en macetas, que podrá introducir en una galería durante las heladas, de noviembre a mayo. Deje que los caducos se sequen por completo y riegue muy poco los persistentes.

Vivaces; h.: 30 cm-1,30 m; f. en verano.

CUATRO HERMOSOS

Agapanthus «Blue Giant»

> **Un azul ultramar sublime** y unas hojas persistentes son las mejores cualidades de esta planta pródiga, con umbelas de 30 cm de ancho, en campanilla, que se abren en julio o agosto. Es una de las más rústicas y, bien acolchada, puede pasar el invierno en el exterior. H.: 1,20 m.

Agapanthus sp.

Agapanthus orientalis

> **Es persistente,** con enormes umbelas azul claro que florecen en pleno verano. Están formadas por flores en forma de trompeta. Es uno de los agapantos más prolíficos, pero es sensible a las heladas. En las zonas frías y húmedas debe cultivarse en maceta. H.: 80 cm.

«Peter Pan»

> **Pequeño y generoso,** escalona su floración azul claro durante todo el verano. Su follaje persistente lo convierte en uno de los mejores para cultivar en maceta. H.: 60 cm.

«Snowy Owl»

> **Ostenta el mismo blanco sedoso** que la lechuza, cuyo nombre ha tomado. Es persistente, y uno de los más tardíos: florece a finales de verano. También es uno de los más rústicos, lo que permite su cultivo directamente en el suelo, pero en un lugar seco. H.: 1,20 m.

AGASTACHE SP.

Agastaches

Esta planta aromática y elegante se distingue por su floración en espigas, muy dilatada en el tiempo, de julio hasta el inicio de las heladas. A las abejas y abejorros les encanta libar en ellas. Es vivaz y de escasa longevidad, ya que no tolera las heladas asociadas a la humedad.

SUS CONDICIONES IDEALES

> **Suelo:** cualquier tierra de jardín de calidad drenada.
> **Exposición:** a pleno sol, evitando las corrientes de aire.
> **Rusticidad:** protéjalo de la humedad cubriéndolo con 20 cm de hojas secas tapadas con tejas.
> **Mantenimiento:** corte los tallos florales marchitos para prolongar la floración.
Vivaz; h.: 50-80 cm; f. de julio a octubre.

UN BELLO FOLLAJE

Agastache foeniculum (hisopo de anís)
> **Sus espigas tupidas se suelen curvar** bajo el peso de las abejas. Sus hojas grises y suaves huelen a hinojo con un simple roce; se puede usar como condimento en ensaladas. Se propaga fácilmente por semillas. «Blue Fortune», de un azul más oscuro que la especie tipo, es tan florífero como ella. H.: 70 cm.

Agastache foeniculum

AJANIA PACIFICA

Ajania

También denominada *crisantemo de América,* forma una ancha mata de hojas verde mate realzadas por un margen plateado, semipersistentes, que el otoño cubre de ramilletes amarillos durante 2 meses. Esta vivaz queda estupenda al pie de macizos, en rocallas, en grandes macetas cubiertas de grava o sobre una pared de piedra seca.

SUS CONDICIONES IDEALES

> **Suelo:** cualquier terreno bien drenado, incluso árido. En maceta, plántela en una mezcla a partes iguales de mantillo preparado, tierra de jardín y arena gruesa. Trasplántela cada 2 años para mantener las plantas bien compactas y floríferas.
> **Exposición:** a pleno sol, no le afectan las corrientes de aire.
> **Rusticidad:** perfecta en suelo filtrante; si no, cuidado con la humedad invernal.
> **Mantenimiento:** cada 3 años, pode los tallos del año anterior en mayo para mantener capas bien densas y retirar los estolones que arraigan demasiado lejos del pie. Si los trasplanta producirán otras plantas floríferas al siguiente otoño.
Vivaz; h.: 30 cm; f. en otoño.

Ajania pacifica

ALCEA ROSEA

Malva real

C on ella, será todo o nada. En algunos jardines se propaga a través de semillas hasta llegar a ser invasora; en otros, inexplicablemente no brota, ya sea anual o vivaz. Las malvas reales dobles no viven más de un verano, mientras que las vivaces florecen 3 o 4 años seguidos. En suelos ricos, todas pueden superar los 2 m de altura.

SUS CONDICIONES IDEALES

> **Suelo:** cualquier terreno, incluso los arenosos, pobres o pedregosos, pero hay que cuidar la plantación y cortar su larga raíz, en lugar de introducirla doblada en un hoyo poco profundo.

> **Exposición:** florece mucho mejor a pleno sol, pero se suele multiplicar por semillas en la semisombra, y no le importa el viento, aunque a veces estropea sus largos tallos.

> **Rusticidad:** perfecta, aunque el hielo seca sus hojas.

> **Mantenimiento:** riéguela bien el primer año para que se instale rápidamente. Elimine los tallos marchitos para prolongar la floración durante todo el verano. Anual o vivaz; h.: 2 m o más; f. en junio o julio.

Alcea rosea

ALLIUM SP.

Ajos

D ado su origen en regiones secas y montañosas, los ajos son rústicos y por naturaleza precisan poca agua. Su época de belleza dura varios meses, ya que una vez secos se conservan bien hasta pleno invierno.

SUS CONDICIONES IDEALES

> **Suelo:** tierra de jardín de calidad, bien drenada.

> **Exposición:** a pleno sol, en un macizo al resguardo del viento.

> **Rusticidad:** las especies citadas resisten las heladas.

> **Mantenimiento:** para multiplicarlos hay que retirar las cabezas, cada año más numerosas, durante su periodo de reposo, en verano, para plantarlas en otoño. Vivaces; h.: 15-50 cm; f. en verano.

DOS HERMOSOS

Allium cernuum

> **A principios de verano balancea** a la menor brisa sus pequeños ramilletes de bolitas rosas con estambres salientes. Este ajo pequeño crece bien en maceta.

Allium moly

> **Sus anchos paraguas salpicados de estrellas** de un amarillo vivo animan los sotobosques y los macizos umbríos, ya que le gustan los lugares secos y con sombra, donde se naturaliza fácilmente. H.: 20 cm.

Allium cernuum

ALSTROEMERIA LIGTU

Azucena peruana

E sta antigua creación hortícola es mucho más resistente a la sequía que las *Alstroemeria* contemporáneas de tonalidades pastel. Si la deja, muy pronto formará manojos de flores de un rosa claro a púrpura, animadas por lunares dorados a principios de verano. Su único defecto es que es difícil multiplicar esta vivaz tuberosa, ya que no le gusta que la molesten.

SUS CONDICIONES IDEALES

> **Suelo:** rico en humus, pero siempre bien drenado. Entiérrela profundamente si desea que florezca pronto.
> **Exposición:** sol o semisombra, al resguardo de las corrientes de aire.
> **Rusticidad:** perfecta, pero en zonas húmedas protegida por un acolchado que la mantenga seca durante el invierno.
> **Mantenimiento:** cada primavera, añádale una buena palada de compost preparado y acólchela a mediados de temporada para conservar la fertilidad del suelo, ya que es una planta bastante exigente.
Vivaz; h.: 50 cm; f. en junio.

ANCHUSA AZUREA

Buglosa

E ncontramos esta vivaz efímera bordeando algunas carreteras soleadas, surgiendo de la grava en altos ramos de flores de un azul denso y púrpura. Sus hojas rugosas, su porte altivo y su austeridad hacen que se le perdone el hecho de florecer solo cada dos años, sobre todo porque se propaga por semillas en los rincones más áridos del jardín. La más apreciada es «Loddon Royalist», por sus robustas espigas piramidales.

SUS CONDICIONES IDEALES

> **Suelo:** bien drenado, incluso árido y pobre, pero en este caso hay que mimarla al plantarla, proporcionándole un buen puñado de compost y regándola generosamente hasta la primera floración.
> **Exposición:** se recomienda tenerla a pleno sol.
> **Rusticidad:** perfecta en terreno muy drenante; puede desaparecer tras el primer invierno húmedo.
> **Mantenimiento:** corte las flores marchitas para prolongar la floración e impedir que se multiplique por semillas, o bien deje que forme semillas y recoja las plántulas para trasladarlas donde usted desee y renovar así la plantación.
Vivaz; h.: 1,20 m; f. de junio a agosto.

Alstroemeria ligtu

Anchusa azurea

LAS FLORES QUE DESAFÍAN LA SEQUÍA

ANISODONTEA MALVASTROIDES

Anisodontea

Con sus hojas verde gris redondas y rugosas, sus flores rosas y la increíble duración de su floración, desde finales de primavera hasta las primeras heladas, debería ser muy común. Sin embargo, solo los especialistas la tienen, normalmente entre plantas de macizo y jardineras, ya que también da muy buen resultado en maceta. Esta bella vivaz no suele vivir más de 3 años, pero en verano es fácil replantarla por esquejes.

SUS CONDICIONES IDEALES

> **Suelo:** cualquier tierra buena de jardín, incluso caliza; en maceta, en una mezcla a partes iguales de mantillo preparado y tierra de jardín.

> **Exposición:** a pleno sol, lejos de las corrientes de aire.

> **Rusticidad:** –5 °C y en un lugar seco, de ahí el interés de cultivarla en maceta e introducirla en una galería, donde continuará floreciendo hasta Navidad.

> **Mantenimiento:** en invierno, deje que la tierra se seque antes de volver a regarla. Pódela a finales de primavera para conservar las matas densas, y aproveche para plantar esquejes. Arraigan bien en tierra vegetal de hojas, en una maceta enterrada en un rincón umbrío del jardín.

Vivaz; h.: 70 cm; f. de junio a octubre.

Anisodontea malvastroides

ANTHEMIS TINCTORIA

Camomila amarilla

Esta habitual de los márgenes de algunas carreteras es una vivaz intrépida de larga floración. En suelos ricos forma impresionantes lechos de margaritas amarillas que destacan sobre unas hojas muy verdes, elegantemente dentadas, durante todo el verano. Se propaga por semillas y a menudo retoña. Su porte flexible y ligero, así como su rusticidad, la recomiendan para decorar taludes y muros. Las variedades «Sauce Hollandaise», amarillo claro, y «E.C. Buxton», blanca, son más pequeñas (60 cm) que *Anthemis* silvestre.

SUS CONDICIONES IDEALES

> **Suelo:** cualquier terreno bien drenado.

> **Exposición:** a pleno sol, incluso expuesta a las corrientes de aire.

> **Rusticidad:** perfecta.

> **Mantenimiento:** para aumentar la longevidad de esta vivaz que no suele vivir más de 3 años, pódela cada primavera y aproveche para cortar algunos tallos acodados con los que renovar su plantación. Si el verano es muy seco, ayúdela a florecer eliminando las flores marchitas con las tijeras de podar.

Vivaz; h.: 80 cm; f. en verano.

Anthemis tinctoria

BULBINE FRUTESCENS

Bulbine

Esta vivaz conquistadora coloniza rápidamente el suelo gracias a unos estolones que forman un tapiz denso de hojas largas, finas y persistentes, mezcladas con espigas de flores durante la primavera y el verano. Destaca en los jardines mediterráneos y oceánicos, pero tenga cuidado, ya que es sensible al frío, por lo que debe cultivarse en macetas grandes en las zonas frías. Su escasa necesidad de agua la convierte en la compañera ideal de los bulbos de floración primaveral, por ejemplo.

SUS CONDICIONES IDEALES

> Suelo: necesita un suelo drenante, pobre. En maceta, use una mezcla a partes iguales de tierra de jardín y arena gruesa. Rodéela de losas para protegerla de las heladas.

> Exposición: a pleno sol obligatoriamente, para verla florecer hasta avanzado el otoño.

> Rusticidad: –5 °C en lugares secos, pero en climas húmedos es mejor mantenerla a resguardo en una galería desde principios de otoño, ya que no tolera las lluvias con tiempo frío.

> Mantenimiento: divida los pies cada 3 años para que se mantenga densa y con flores.

Vivaz; h.: 50 cm en flor; f. en verano.

CALENDULA SP.

Caléndulas

Se les perdona que sean anuales, ya que la floración amarilla o anaranjada no cesa desde junio hasta las primeras heladas, y se propagan en abundancia por semillas. Las encontrará como plántulas en primavera, aunque las puede sembrar en el suelo (obtendrá más variedad de formas y flores). «Kablouna Mix» tiene un corazón reticulado, «Orange Star» posee una corola llena de pétalos dentados, «D'Ollioules», un gran corazón bordeado de verde, y «Bomix», de color rojizo.

SUS CONDICIONES IDEALES

> Suelo: cualquier tierra de jardín, incluso pobre o muy compactada.

> Exposición: necesariamente a pleno sol, o crecerán más y producirán una floración menos vistosa.

> Rusticidad: son anuales y mueren con la primera helada.

> Mantenimiento: corte las flores marchitas para disfrutar de una floración intensa durante todo el verano. Deje que solo unos capítulos formen semillas, y siémbrelas. Trasplante las plántulas en primavera, a intervalos de 30 cm, y riéguelas hasta que arraiguen; a partir de entonces será innecesario.

Anuales; h.: 50 cm; f. de junio a octubre.

Bulbine frutescens

Calendula sp.

CATANANCHE CAERULEA

Hierba cupido

Cuando sus corolas, similares a grandes acianos, pierden sus pétalos, los cálices de papel de seda diáfana se tornan dorados. Persistirán hasta que los vientos de otoño se los lleven. Esta gran flor ligera florece en ramilletes que surgen de una roseta de hojas de color gris verdoso. Su porte flexible la hace ideal para bordear un macizo o para presidir un muro de piedra seca en compañía, por ejemplo, de *Andropogon* o penisetos.

SUS CONDICIONES IDEALES

> **Suelo:** siempre bien drenado, incluso pedregoso y ligero. Se desarrolla bien en rocallas, pero en un suelo arcilloso se estropea al primer invierno.

> **Exposición:** florece mucho mejor a pleno sol, pero tolera la semisombra.

> **Rusticidad:** perfecta en un suelo filtrante.

> **Mantenimiento:** recoja sus semillas en verano y siémbrelas enseguida a resguardo del sol directo para renovar su plantación. Esta vivaz raras veces florece más de 3 años, pero se reproduce por semillas en un suelo pedregoso.

Vivaz; h.: 50 cm en flor; f. de julio a octubre.

Catananche caerulea

CENTRANTHUS RUBER

Hierba de San Jorge

Alegra los muros con su prolongada floración en espigas rosas, de color rojo ladrillo o blancas, penetrando en la menor grieta entre las piedras, y se propaga profusamente, incluso en la tierra compacta de los senderos. Junto a la alcachofa china, el geranio sanguíneo y *Euphorbia cyparissias* forma soberbios macizos entre mayo y finales de verano. Solo hay que retocarla periódicamente para evitar que los tallos marchitos le resten atractivo y reduzcan su longevidad, limitada a 2 o 3 años.

SUS CONDICIONES IDEALES

> **Suelo:** es una planta resistente, aunque menos duradera en un suelo arcilloso que en una tierra bien drenada.

> **Exposición:** florece muy bien en la semisombra, pero es preferible el pleno sol.

> **Rusticidad:** excelente para el pie, que aunque parezca muerto, rebrotará la primavera siguiente.

> **Mantenimiento:** espere a podarla hasta que cesen las heladas si el frío la ha estropeado. Corte las flores marchitas para evitar que prolifere en exceso, y trasplante las plántulas en otoño si es posible, para que empiecen a florecer la primavera siguiente.

Vivaz; h.: 70 cm; f. de mayo a septiembre.

Centranthus ruber

CONVOLVULUS SABATIUS

Campanilla azul

Si busca una planta para sus jardineras que requiera poca agua, acuérdese de esta bella enredadera de color azul pastel. Está en flor todo el verano, y queda preciosa rodeada de un tapiz de guijarros claros, que mejoran su resistencia a la sequía. Puede combinarla con onagras amarillo limón para un jardín en macetas que no le dará trabajo. Es vivaz, pero sensible a las heladas.

SUS CONDICIONES IDEALES

> **Suelo:** en zonas cálidas o costeras la rocalla es el lugar ideal de esta planta. En otras regiones cultívela en maceta, en una mezcla a partes iguales de tierra de jardín y arena gruesa.

> **Exposición:** solo se desarrolla bien a pleno sol.

> **Rusticidad:** a –5 °C se hiela.

> **Mantenimiento:** divida los pies todos los años a principios de primavera para que se mantenga compacta y produzca muchas flores. Aproveche para plantar en otras macetas.

Vivaz; h.: 15 cm; f. en verano.

Convolvulus sabatius

CROCUS SATIVUS

Azafrán

Recolecte su propio azafrán cultivando este encantador croco violeta o blanco, reconocible por sus grandes estigmas que sobresalen de los pétalos. Compre unos bulbos en tiendas de jardinería. Las flores aparecen antes que las hojas, finas como agujas. Pasado enero, la planta desaparece, pero produce nuevos bulbos que florecerán al otoño siguiente.

SUS CONDICIONES IDEALES

> **Suelo:** ligero, filtrante y, si es posible, calcáreo. Si lo cultiva en maceta, prepare una mezcla de 2/3 de tierra de jardín y 1/3 de cascotes gruesos, y disponga un bulbo cada 10 cm.

> **Exposición:** a pleno sol produce las mejores flores. En maceta, colóquelo en una ventana orientada al sur.

> **Rusticidad:** los bulbos pueden helarse en macetas pequeñas; trasládelos a un lugar protegido en cuanto las hojas se marchiten. En el suelo, el azafrán es rústico.

> **Mantenimiento:** plántelo en junio para que florezca en octubre. Retire los estigmas con pinzas de depilar y dispóngalos sobre un papel sulfurizado para secarlos. Consérvelos en pequeños tarros, en un armario seco y oscuro.

Vivaz; h.: 10 cm; f. en octubre.

Crocus sativus

DIANTHUS SP.

Claveles

Sus grandes borlas de hojas angostas, lisas, a menudo de un verde grisáceo, desaparecen a finales de la primavera bajo capas de flores normalmente perfumadas. Se encuentran tan cómodos en maceta como bordeando macizos o coronando un muro, y su sobriedad y rusticidad son ejemplares. Todos se pueden plantar con esquejes y se acodan con facilidad.

SUS CONDICIONES IDEALES

> **Suelo:** necesitan imperativamente un suelo bien drenado, o se estropearán con el primer invierno húmedo. En maceta, plántelos en una mezcla de 2/3 de tierra franca y 1/3 de mantillo preparado.

> **Exposición:** necesitan estar a pleno sol para producir una floración abundante.

> **Rusticidad:** perfecta en suelo drenado; no dude en cubrir el fondo de los hoyos para plantar con grava si su tierra es arcillosa.

> **Mantenimiento:** corte las flores en cuanto se marchiten. Y cada primavera añada unos puñados de tierra fina entre las hojas para ayudar a sus tallos rastreros a acodarse y reforzar así los pies. Divídalos cada 3 años retirando los acodos más hermosos y plántelos en un suelo blando.

Vivaces; h.: 15-30 cm; f. según las especies.

CUATRO HERMOSOS

Dianthus arenarius

> **Sus amplias matas de hojas oscuras y mates** desaparecen bajo las corolas laciniadas y rosadas en junio y julio, perfumando el ambiente. Si corta las flores marchitas, volverá a florecer durante el verano. H.: 15 cm.

Dianthus caryophyllus (clavel de las floristas)

> **El más común es «Chabaud»,** de enormes flores llenas de pétalos de todos los colores, incluso amarillo, lisos o combinados con rojo. Se suele vender en cajitas de plántulas sin nombre en primavera, pero también se pueden sembrar en verano para que florezcan la primavera siguiente. Es el más agradable para cultivar en maceta por su porte flexible y su abundante floración perfumada, que se va renovando desde primavera hasta pleno invierno. H.: 30 cm.

Dianthus deltoides (clavelina)

> **Sus matas de hojas verdes y angostas** crecen en prados secos, rocallas y muros, salpicadas de florecillas de un rosa vivo, carmín en «Brillant» y escarlata en «Leuchtfunk», de mayo a julio. No tienen aroma, pero la planta es una vivaz intrépida. H.: 20 cm.

Dianthus plumarius (clavel coronado)

> **Es uno de los más populares por sus florecillas** de aroma intenso y pimentado en mayo o junio. Las variedades tradicionales tienen flores recortadas, como «Mrs Sinkins», blanca, y también las simples, llamadas *escocesas*. Los más habituales actualmente producen grandes flores dobles y redondas, como «Doris», rosa; «Heidi», roja, y «Annabelle», rosa con el centro oscuro. Florecen varias veces durante el verano si cortamos las flores marchitas. H.: 30 cm.

Dianthus plumarius «Doris»

DIASCIA CORDATA

Diascia

Esta popular planta colgante en realidad es una vivaz que se puede conformar con un riego semanal en pleno verano. Sus curiosas corolas en espolón, de color rosa asalmonado, forman capas ligeras de 30 cm de ancho durante todo el verano. Está cómoda bordeando macizos, entre piedras grandes o en una maceta grande, rodeada de guijarros. Cuidado con las diascias que se venden sin nombre, en múltiples colores, ya que suelen requerir abundante agua.

SUS CONDICIONES IDEALES

> **Suelo:** mezcle a partes iguales tierra ligera y compost preparado para llenar una maceta o un hoyo cavado en el suelo.
> **Exposición:** florece tan bien en semisombra como a pleno sol.
> **Rusticidad:** hasta −5 °C; en zonas frías, cultívela en maceta y resguárdela en una galería durante el invierno.
> **Mantenimiento:** divida los pies cada 2 años y trasplántelos a otra maceta para que produzcan abundantes flores.
Vivaz; h.: 20 cm; f. en verano.

ECHINOPS RITRO

Cardo yesquero

Esta planta común en los matorrales produce largos ramos de bolas de color gris azulado durante todo el verano. En las regiones frescas, surgen de un espeso follaje verde oscuro, dentado, que recuerda el de la emparentada alcachofa. Existen múltiples variedades de tonalidades más o menos azules; de estas, «Taplow Blue» es una de las más vivas, junto con *Echinops bannaticus* «Blue Globe», más clara.

SUS CONDICIONES IDEALES

> **Suelo:** se adapta a cualquier tierra de jardín de calidad, incluso las muy arcillosas. En un suelo seco y calcáreo crece menos y sus hojas son más modestas.
> **Exposición:** se desarrolla muy bien a pleno sol o protegido por un muro orientado al oeste.
> **Rusticidad:** perfecta.
> **Mantenimiento:** divida los pies cada 5 años para reducirlos, ya que pueden ser imponentes en suelos arcillosos. Corte los tallos marchitos para hacer ramos secos y evitar que se extiendan sus semillas.
Vivaz; h.: 1 m; f. en verano.

Diascia cordata

Echinops ritro

ERIGERON KARVINSKIANUS

Erigeron

Su endeble estructura se introduce en los huecos de los muros de piedra seca o los corona con finas margaritas blancas durante todo el verano. Siempre dispuesta a propagarse por semillas, esta vivaz suele aparecer entre los peldaños de las escaleras o coloniza el menor espacio entre losas, tanto a pleno sol como en la sombra, pero raramente es invasora.

SUS CONDICIONES IDEALES

> Suelo: se adecúa a todos los terrenos, pero se complace particularmente en crecer entre las piedras. En maceta necesita una mezcla drenante cubierta por una capa de guijarros alrededor de su pie.

> Exposición: florece bien tanto en la sombra como a pleno sol.

> Rusticidad: perfecta, independientemente del rigor del invierno.

> Mantenimiento: divida los pies cada 3 años, trasplante las plántulas que nacen de semillas a principios de otoño o en primavera. Para evitar que se extienda demasiado, corte las flores en cuanto se marchiten.

Vivaz; h.: 20 cm; f. en verano.

Erigeron karvinskianus

ERYSIMUM SP.

Alhelíes

Los alhelíes son vivaces en un suelo bien drenado y en clima seco, pero solo viven 2 o 3 años en regiones húmedas, donde se tornan desgarbados y poco floríferos a partir de la segunda primavera después de plantarlos.

SUS CONDICIONES IDEALES

> Suelo: tierra drenada, incluso pedregosa y pobre.

> Exposición: a pleno sol y protegido de las corrientes.

> Rusticidad: con buen drenaje, soportan inviernos rigurosos.

> Mantenimiento: corte las flores en cuanto se marchiten para que las plantas se mantengan bien compactas.

Vivaces; h.: 40-60 cm; f. en primavera.

UN BELLO ARBUSTO

Erysimum cheiri (alhelí amarillo)

> Este pequeño arbusto verde se cubre de racimos de flores aterciopeladas, entre amarillas y pardas o de rosa a púrpura, de aroma intenso, entre marzo y mayo. A menudo florece en muros y murallas, mostrando su gusto por entornos áridos. Se propaga por semillas, pero si le dejamos más de un tallo floral para que forme semillas, se agota en 2 años. Siémbrela en verano, en un rincón de platabanda umbría, para trasplantarla en otoño, o bien compre plántulas en esta estación. H.: 40 cm.

Erysimum cheiri

Amapola de California

Su floración espectacular es ideal para un jardín de vacaciones, ya que dura todo el verano. Se siembra a voleo en abril, dado que no le gusta ser trasplantada. A finales de verano produce semillas y muere. Las variedades simples, de todos los amarillos hasta el naranja, crecen bien a partir de semillas. En cambio, las dobles, como «Ballerina», desaparecen con las primeras heladas.

SUS CONDICIONES IDEALES

> **Suelo:** solo crece bien en suelos con pocos nutrientes, lo más ligeros posible, aunque prefiere la arena y los terrenos calizos.

> **Exposición:** esta amapola originaria de las playas californianas solo florece bien a pleno sol.

> **Rusticidad:** es una planta anual que desaparece tras las primeras heladas; en cambio, las plantas que nacen espontáneamente resisten bien el frío.

> **Mantenimiento:** ninguno.

Anual; h.: hasta 30 cm; f. en verano.

Cañaheja

Uno nunca se olvida de sus hojas características de un verde azulado suave, muy onduladas y recortadas en grandes lóbulos, caducas, en bellos ramilletes compactos. Esta vivaz es efímera, ya que cuando cesa su floración, en el tercer año a partir de su plantación, por lo general muere, pero se reproduce por semillas espontáneamente. La espiga floral, con grandes umbelas amarillas, puede alcanzar 3 m de altura.

SUS CONDICIONES IDEALES

> **Suelo:** cualquier tierra de jardín de calidad es adecuada para ella.

> **Exposición:** obligatoriamente a pleno sol, al resguardo de las corrientes de aire, ya que no soporta el viento helado en invierno.

> **Rusticidad:** –10 °C en seco, bajo un acolchado de 20 cm.

> **Mantenimiento:** corte el tallo floral en cuanto se marchite para favorecer la aparición de nuevos brotes en el mismo pie, que va a morir. Si deja que produzca semillas, siémbrelas en cuanto las recolecte, directamente en el suelo, puesto que la simiente no se conserva.

Vivaz; h.: 50 cm; f. entre junio y agosto.

LAS FLORES QUE DESAFÍAN LA SEQUÍA

Eschscholzia californica

Ferula communis

FOENICULUM VULGARE

Hinojo

Su alto porte coronado por umbelas amarillas alegra el verano. A menudo están cubiertas de vistosos chinches rojos finamente rayados y de avispas depredadoras de pulgón que se deleitan con su néctar dulce y perfumado. Solo las variedades de hojas bronceadas («Giant Bronze» o «Purpureum») se encuentran en centros de jardinería; son tan invasivas como el hinojo silvestre, de un verde claro.

SUS CONDICIONES IDEALES

> **Suelo:** cualquier terreno, crece bien incluso en suelos pedregosos y áridos, junto a las carreteras.
> **Exposición:** su fragancia es más intensa a pleno sol, pero se adapta bien a la semisombra.
> **Rusticidad:** perfecta en cualquier ubicación.
> **Mantenimiento:** no deje que sus semillas maduren, ya que se propaga en abundancia. Recolecte las umbelas que han producido semilla, todavía verdes, para secarlas, en ramilletes duraderos, o bien para consumirlas como infusión digestiva.
Vivaz; h.: 2 m; f. en verano.

Foeniculum vulgare

GAILLARDIA X GRANDIFLORA

Gallarda

Desde junio hasta las heladas alegra el contorno de macizos y rocallas con sus margaritas de color fuego, que combinan de mil maneras el amarillo, el rojo y el rojizo en torno a una bola central que persiste mucho tiempo una vez los pétalos han volado. Sus tallos flexibles se doblan bajo el peso de las flores. Al llegar el invierno solo queda una masa de hojas rugosas, sin ningún encanto. Es una vivaz que suele desaparecer al final de su segundo verano, no sin dejar multitud de retoños a su alrededor.

SUS CONDICIONES IDEALES

> **Suelo:** es adecuada cualquier tierra de jardín de calidad, aunque en suelos demasiado ricos florece menos.
> **Exposición:** debe estar a pleno sol, aunque florece bien junto a un muro orientado al oeste.
> **Rusticidad:** resiste muy bien las heladas intensas en suelos bien drenados; en tierras arcillosas puede desaparecer durante un invierno riguroso.
> **Mantenimiento:** corte las flores marchitas para evitar que quede desnuda demasiado pronto —este es su defecto— y así lograr una floración abundante y continua hasta las primeras heladas.
Vivaz; h.: 80-90 cm; f. de junio a octubre.

Gaillardia x grandiflora

GAURA LINDHEIMERI

Gaura

Sus ramos de florecillas blancas son habituales en los jardines públicos, ya que la rusticidad de esta vivaz, en flor durante todo el verano, le ha proporcionado gran popularidad. Está cómoda tanto en los macizos como en hileras a lo largo de los senderos más compactados, donde se propaga por semillas espontáneamente, sin por ello invadir el jardín que la alberga. Existe una variedad de flores rosas, también grácil, pero menos alta (70 cm).

SUS CONDICIONES IDEALES

> **Suelo:** resistente, se desarrolla bien en todas partes, pero prefiere suelos drenados, donde se reproduce por semillas.
> **Exposición:** produce más flores a pleno sol, pero también tiene muy buen aspecto en la semisombra.
> **Rusticidad:** perfecta, aunque el invierno sea húmedo y riguroso.
> **Mantenimiento:** no requiere ningún cuidado. No suele durar más de 3 años. Divídala cada 2 años o recolecte sus semillas y siémbrelas enseguida en un terreno ligero.
Vivaz; h.: 1,20 m; f. en verano.

Gaura lindheimeri

GAZANIA X HYBRIDA

Gazanias

Estas vivaces de hojas persistentes, originarias de Sudáfrica, han demostrado su rusticidad, de modo que los horticultores han generado múltiples variedades de vistosos coloridos, con pétalos rayados o lisos, siempre rodeados por una corona que contrasta con un gran corazón amarillo liso. Comercializadas sin nombre en primavera, florecen hasta las primeras heladas, y crecen muy bien tanto en maceta como en el suelo.

SUS CONDICIONES IDEALES

> **Suelo:** cualquier tierra de jardín de calidad y bien drenada les resulta adecuada. En maceta, mezcle compost preparado y tierra franca a partes iguales con grava, y las conservará durante mucho tiempo.
> **Exposición:** deben estar a pleno sol necesariamente, o su floración será pobre. Para que duren varios años, protéjalas de la humedad en invierno.
> **Rusticidad:** excelente en un lugar seco, aunque sea al resguardo en el balcón de la planta superior, en una terraza.
> **Mantenimiento:** no las riegue en invierno, y en verano elimine las flores en cuanto se marchiten. Cada 2 años divida los pies a principios de primavera.
Vivaces; h.: 25 cm; f. en verano.

Gazania x hybrida

Geranios

La mayoría prefieren los suelos frescos, pero también los hay que se desarrollan bien en un lugar seco, aunque están mejor tras una primavera lluviosa. Si la sequía se prolonga desde finales de invierno, se reducen al mínimo, permaneciendo en reposo a la espera de un buen riego. Las siguientes especies se pueden usar como cobertoras del suelo o para bordear macizos umbríos.

SUS CONDICIONES IDEALES

> **Suelo:** resistentes, florecen mejor en suelo arcilloso, donde obtienen agua en plena canícula.

> **Exposición:** la ideal es la semisombra, al pie de un seto o un macizo, en un claro bien iluminado, pero se desarrollan bien en una sombra seca, sin ser tan vistosos.

> **Rusticidad:** perfecto en cualquier región, en el caso de los geranios que presentamos aquí.

> **Mantenimiento:** divida los pies cada 3 años y aporte a cada planta dos puñados de compost preparado. Vivaces; h.: 25-40 cm; f. en verano.

UN HERMOSO PERSISTENTE

Geranium macrorrhizum

> A veces se le denomina *geranio de raíz gruesa* por sus rizomas, que ascienden a la superficie del suelo. Sus hojas anchas aterciopeladas y persistentes se animan con hojas bermellón a comienzos de otoño y perfuman los dedos con un olor a rosa rústico y tenaz. Su floración es algo apagada, y puede oscilar entre el rosa pálido y el fucsia. El más popular es «Ingwersen's Variety», de hojas claras y flores rosa pálido. H.: 30 cm.

TRES BELLOS CADUCOS

Geranium nodosum

> Es un geranio elegante de hojas palmeadas y tallos delicados, reconocible por los nudos abultados en la axila de cada hoja. Suele trepar por las plantas vecinas, sin invadirlas nunca, produciendo al azar sus florecillas de un rosa ácido en un soporte cómodo. Su floración se prolonga durante todo el verano y excepcionalmente es resistente a la sequía. H.: 30 cm.

Geranium phaeum

> Sus hojas palmeadas son reconocibles por las manchas pardas que adornan cada lóbulo. Su floración granate es escasa y con frecuencia fugaz; dura solo un mes a principios de verano. En cambio, su resistencia a la sequía, incluso en un sotobosque denso, es notable. A menudo se multiplica por semillas, pero no es invasor. H.: 40 cm.

Geranium sanguineum

> Esta pequeña mata de bellas hojas verdes en estrella se cubre de flores púrpura rayadas de granate en verano. En la variedad «Splendens» las rayas de las flores, más grandes, son más visibles; las de «Vision» son las más abundantes. Es una planta de bordura ideal. H.: 25 cm.

Geranium nodosum

Geranium endresii

GYPSOPHILA SP.

Gipsófilas

Gypsophila sp.

L as gipsófilas, originarias de las estepas y las roca-llas calcáreas, solo se desarrollan bien en estas condiciones. Forman grandes ramos de flores blancas o rosadas en lo alto de unos tallos tan finos que parecen invisibles. Dos gipsófilas son comunes: una es anual y la obra vivaz, aunque existen muchas otras.

SUS CONDICIONES IDEALES

> **Suelo:** sienten predilección por cualquier tierra de un jardín corriente con un buen drenaje. Prefieren la calcárea en un suelo arenoso. Cuando la plante, añada a cada plántula un puñado de compost preparado. En maceta necesitan un recipiente hondo para hundir sus raíces pivotantes. Plántelas en una mezcla drenante, mezclando tierra ligera con 1/4 de compost preparado y 1/4 de calcárea triturada.

> **Exposición:** solo florecen bien a pleno sol.
> **Rusticidad:** la gipsófila vivaz solo sobrevive al invierno en un terreno perfectamente drenado.
> **Mantenimiento:** en otoños húmedos, esté atento a una posible podredumbre de las plántulas.
Anuales o vivaces; h.: 60-70 cm; f. en verano o en otoño.

UNA BELLA ANUAL
Gypsophila elegans
> **Se siembra o se planta en abril o mayo,** en un macizo soleado y perfectamente drenado, si es preciso añadiendo en el fondo del hoyo de plantación una mezcla de compost y grava, o cultivándola en maceta, en una mezcla con un buen drenaje. Produce unas florecillas redondas, blancas o rosadas en «Rosea». H.: 60 cm.

UNA BELLA VIVAZ
Gypsophila paniculata
> **Es la más graciosa, con sus flores anuales,** particularmente bellas en «Bristol Fairy», doble y blanca, y en «Compacta Plena», rosada y con un aspecto más compacto que la especie tipo. Desde julio hasta las primeras heladas, su floración es constante y mágica. Es todo un espectáculo cuando florece sobre un murete o en grandes macetas en un balcón, que solo precisará un mínimo de riego. H.: 70 cm.

Gypsophila elegans

HELLEBORUS SP.

Eléboros

Sus capas de flores redondas de tonalidades singulares embellecen la primavera. Su floración, de una longevidad excepcional, y la belleza de sus hojas los convierten en los grandes favoritos de los jardines de estilo natural. Sin embargo, lograr que arraiguen no siempre es fácil, ya que no todos tienen las mismas exigencias, y detestan que se los trasplante. Asociados a *Stachys*, narcisos y tulipanes, conforman espléndidos macizos.

Una rosa de Cuaresma púrpura...

... o simplemente blanca.

SUS CONDICIONES IDEALES

> **Suelo:** el eléboro fétido y la rosa de Navidad prefieren los suelos ligeros, algo calcáreos; *Helleborus argutifolius* y la rosa de Cuaresma se adaptan a los suelos arcillosos, donde obtienen sus reservas de humedad para todo el año.

> **Exposición:** prefieren la semisombra al pleno sol.

> **Rusticidad:** perfecta.

> **Mantenimiento:** corte las hojas en cuanto se sequen. Trasplántelos preferiblemente en otoño, ya que prefieren disfrutar de la lluvia antes del verano.

Vivaces; f. en primavera.

DOS BELLOS GRANDES (50-80 cm)
Helleborus argutifolius

> **Con sus grandes hojas claras,** sólidas, dentadas y persistentes, es el más majestuoso de todos. En febrero o marzo cada planta se corona con un gran ramo de flores verde claro, que se mantendrán intactas hasta finales de mayo. Su predilección por los suelos arcillosos lo convierte en un buen compañero de los narcisos. Se propaga fácilmente por semillas. H.: 70-80 cm.

Helleborus foetidus (eléboro fétido)

> **Originaria de laderas calcáreas y claros,** exige un suelo perfectamente drenado para desarrollar un follaje denso, semipersistente, ampliamente recortado. Desprende un olor algo agrio, pero su floración es soberbia, con grandes ramos de color verde claro. Se extiende profusamente a través de semillas. H.: 50-70 cm.

DOS BELLOS PEQUEÑOS (20-40 cm)
Helleborus niger (rosa de Navidad)

> **Esta flor de jardín viejo no siempre es de fácil aclimatación.** *H. niger* prefiere los suelos ligeros, incluso arenosos, pero un poco calcáreos. Su magnífica floración aparece antes que las hojas, de un color verde muy oscuro y muy recortadas. Detesta que la trasplanten. H.: 20 cm.

Helleborus orientalis (rosa de Cuaresma)

> **Su floración muestra los tonos más singulares,** del negro al verde laqueado de pardo, pasando por todos los violetas, el rosa claro y unos amarillos luminosos, ya que se ha hibridado bastante. No todas las variedades poseen un vigor similar ni son tan estables, ya que a menudo vuelven al rosa púrpura de la especie silvestre. *H. orientalis* prefiere suelos arcillosos, donde se propaga por semillas, aunque no siempre. H.: 30-40 cm.

Campanas de coral

Esta bella planta de hojas oscuras jaspeadas de plateado, persistentes, es capaz de desarrollarse tanto en la sombra como a pleno sol en los suelos más compactados. Las hojas redondeadas, sostenidas por largos pecíolos, forman matas amplias; el pie es rizomatoso. También está cómoda en maceta, donde su prolongada floración estival es espléndida. La planta debe su nombre a sus flores en forma de minúsculas campanillas, como granos rosas o rojos.

SUS CONDICIONES IDEALES

> **Suelo:** fértil y húmedo pero bien drenado, neutro.
> **Exposición:** sol o semisombra; soporta la sombra en lugares húmedos.
> **Rusticidad:** muy buena.
> **Mantenimiento:** acólchela todos los años para proteger el pie. Arranque las matas y plántelas en septiembre u octubre, o renueve las plantas.
Vivaz; h.: 50 cm; f. en julio.

Hisopo

Sus verdes hojas persistentes con un intenso olor a alcanfor y a pimienta producen unas infusiones medicinales deliciosas. Su soberbia floración en espigas flexibles de flores azulonas se escalona de mayo a agosto. Existe una variedad rosa, «Roseus», de florecillas ácidas. Cultívela como bordura de una rocalla o sobre un muro de piedra seca, pero este arbusto no suele vivir más de 5 años.

SUS CONDICIONES IDEALES

> **Suelo:** en cualquier tipo de suelo, pero requiere un buen drenaje, o sucumbirá al primer invierno húmedo.
> **Exposición:** lo ideal es a pleno sol para que despliegue todo su aroma, protegida junto a un muro orientado al sur.
> **Rusticidad:** perfecta en un suelo bien drenado.
> **Mantenimiento:** corte las flores marchitas o, si desea recolectarlas, corte los tallos florales tan apenas florezcan. Deje que uno o dos produzcan semillas para perpetuar esta efímera vivaz. En cuanto recoja las semillas, siémbrelas en un rincón umbrío del jardín y trasplántela durante la primavera siguiente.
Sufrútice; h.: 30 cm; f. de mayo a agosto.

Heuchera sanguinea

Hyssopus officinalis

IRIS SP.

Lirios

El excepcional abanico de variedades y su capacidad de adaptación a todos los terrenos han hecho de los lirios una de las plantas más populares. Sus hojas rectas casi persistentes, y de color verde claro, de las que entre abril y junio surgen altos tallos coronados por impresionantes flores finamente perfumadas, los hacen indispensables como plantas de bordura. Simplemente alineados junto a un muro, lo transforman de inmediato. También son perfectos para decorar taludes y suelos inclinados, y para retener la tierra.

SUS CONDICIONES IDEALES

> **Suelo:** cualquier terreno; crecen bien incluso en la arcilla de suelos removidos por obras.

Iris «Paula»

> **Exposición:** florecen bien en semisombra, pero a pleno sol producen una floración más vistosa.
> **Rusticidad:** perfecta, por riguroso que sea el invierno.
> **Mantenimiento:** corte los tallos florales en cuanto se marchiten, ya que al secarse pierden su atractivo. A finales de invierno arranque las hojas secas. Cada 3 años divida los pies en otoño y plante los rizomas más carnosos en una tierra de jardín de calidad, bien mullida. Vivaces; f. en primavera.

CUATRO BELLOS GRANDES (80-90 cm)
«Feminine Charm»
> **Una gran flor ondulada,** de color rosa claro, animada por estambres en forma de pequeños cepillos de un naranja vivo. Su floración en mayo y junio es particularmente duradera y abundante. H.: 85 cm.
«Garnet Robe»
> **Un lirio pardo chocolate con pétalos aterciopelados** y grandes corolas redondas. Tiene una flor de una forma escasa entre los lirios contemporáneos, normalmente rizados. H. 80 cm.
«Michigan Pride»
> **Espectacular, con sus inmensas corolas rizadas** de sépalos pardos y amarillo dorado. Combínelos con variedades más oscuras para obtener una mezcla de colorido vistoso y singular, que lucirá durante un mes, de mayo a junio. H.: 90 cm.
«Midnight Hour»
> **Es de un azul tan oscuro que parece negro,** con grandes corolas aterciopeladas que se abren durante un mes largo, entre mayo y junio. Produce muchas flores y es uno de los más grandes. Plántelo en semisombra para conservar su color excepcional. H.: 1 m.

DOS BELLOS PEQUEÑOS (40 cm)
«Candy Apple»
> **Un curioso tono rojo púrpura aterciopelado,** formando un contraste soberbio con una barba violeta. Queda precioso con tulipanes papagayo de color violeta, que también florecen en abril y mayo. H.: 40 cm.
«Lilli Var»
> **Espectacular, ostenta todos los matices,** del dorado al caoba, creando un magnífico espectáculo asociado a los grandes «Garnet Robe» y «Midnight Hour». Floración en mayo. H.: 40 cm.

LINUM PERENNE

Lino azul

Su floración vivaz es de un azul más claro que la del lino anual, y sus hojas son gris, pero también es una planta de aspecto ligero, muy bella cerca de unos arbustos de hoja gris, como *Phlomis*, las salvias o los teucrios. Es tan sobrio que incluso se desarrolla cerca de coníferas, pero es una vivaz cuya vida raras veces supera los 3 años.

SUS CONDICIONES IDEALES

> **Suelo:** se desarrolla bien en todos los suelos bien drenados, incluso muy poco abonados.

> **Exposición:** para producir una floración abundante necesita estar a pleno sol.

> **Rusticidad:** hasta −10 ºC.

> **Mantenimiento:** corte las flores marchitas para prolongar la floración durante todo el verano, o bien solo florecerá en junio.

Vivaz; h.: 40 cm; f. en junio-julio.

Linum perenne

LYCHNIS CORONARIA

Clavel lanudo

En junio y julio, sus corolas redondas, de un color púrpura oscuro único, que parece incluso más intenso por su follaje gris, son inolvidables. Existe, asimismo, una variedad blanca, también vivaz. Una vez marchita la floración, quedan unas grandes rosetas de hojas plateadas, más onduladas en la variedad blanca que en la rosa. Ambas se propagan con generosidad a través de semillas, en particular en los caminos de grava. También se la denomina *candelaria* y *coronaria*.

SUS CONDICIONES IDEALES

> **Suelo:** resistente, se adapta tanto a los suelos arcillosos y compactados como a las tierras más ligeras.

> **Exposición:** necesita sol para florecer bien.

> **Rusticidad:** perfecta, pero vive menos de 3 años.

> **Mantenimiento:** corte las flores marchitas para que las rosetas se conserven muy densas y para evitar que se propague demasiado con sus semillas e invada el jardín. Puede tutorar las variedades más altas.

Vivaz; h.: 50 cm; f. en junio-septiembre.

Lychnis coronaria

NEPETA SP.

Nepetas

C on sus hojas pequeñas y persistentes, grises y aterciopeladas, y sus espigas azules, se cuentan entre las vivaces de bordura más bellas. Sus hojas fragantes no siempre son agradables, pero solo desprenden olor al roce. Su floración es excepcionalmente amplia, y coincide con la de las peonías, los rosales y todas las margaritas de verano: rudbeckias, gallardas, girasoles vivaces...

SUS CONDICIONES IDEALES

> **Suelo:** se desarrollan bien en cualquier tierra de jardín de calidad. En maceta, use una mezcla de 1/3 de tierra de jardín, 1/3 de tierra franca y 1/3 de compost preparado.
> **Exposición:** florecen bien a pleno sol y en semisombra, preferiblemente orientadas al oeste, no al este, y protegidas de las corrientes de aire.
> **Rusticidad:** perfecta en las descritas aquí.
> **Mantenimiento:** corte las flores marchitas para prolongar su floración hasta las primeras heladas. Divida los pies cada 3 años para que se mantengan compactos. Vivaces; h.: 25-90 cm; f. según las especies.

CUATRO HERMOSAS

Nepeta x faassenii

> Sus espigas de color azul claro florecen a partir de junio. Aunque se la considera remontante, solo florece bien si eliminamos sus espigas marchitas, de lo contrario, solo sus hojas rugosas y aterciopeladas, de un color gris verdoso, persistirán para llenar el contorno de un macizo. «Six Hills Giant» produce más flores y es más alta (40 cm) que la especie tipo. H.: 25 cm.

Nepeta grandiflora «Bramdean»

> Sus espigas rectas de florones de color azul oscuro, que contrastan con unos tallos púrpura, y sus hojas verde mate la distinguen fácilmente. Surgen de un ramillete de hojas crenadas.

Nepeta sibirica

> Sus espigas flexibles a menudo se hunden bajo el peso de las flores, de un curioso azul intenso. Por ello, combínela con una mata pequeña, una carióptera o un hipérico, para que la sostengan. Es una vivaz intrépida,

que se adapta tanto a suelos muy arcillosos como a los muy ligeros y que se propaga por semillas. H.: 90 cm.

Nepeta «Souvenir d'André Chaudron»

> Con sus grandes hojas lisas y su prolongada floración, desde julio hasta las primeras heladas, combina de maravilla con las salvias de florecillas crema o rosas, entre las que desliza sus largas espigas flexibles de florecillas bastante grandes, de un azul suave. H.: 60 cm.

Nepeta sibirica

Nepeta «Souvenir d'André Chaudron»

Azucena de Guernesey

Es una bulbosa ideal para una terraza soleada o un jardín de invierno, ya que le gusta crecer en macetas más bien pequeñas. Es tardía: florece al final del verano, y es una bella compañera de otras plantas, como el ojo de Venus y *Trachelospermum asiaticum*.

SUS CONDICIONES IDEALES

> **Suelo:** plántela en abril en una mezcla bien drenada compuesta a partes iguales de tierra ligera y compost preparado. Debe asomar la parte superior de los bulbos.
> **Exposición:** florece profusamente en un muro soleado.
> **Rusticidad:** proteja las macetas sin flor de las heladas.
> **Mantenimiento:** añada abono líquido una vez por semana durante el desarrollo para favorecer la multiplicación de bulbos. No precisará más cuidados en cuanto se marchiten.
Vivaz; h.: 40 cm; f. al final del verano.

Nerine bowdenii

Onagras

De escaso riego y floración duradera, son ideales para las rocallas; en pleno verano también florecen junto a las vivaces. Las más pequeñas se desarrollan en maceta.

SUS CONDICIONES IDEALES

> **Suelo:** tierra bien drenada. En maceta, disponga 5 cm de drenaje en el fondo antes de plantarlas en una mezcla de 2/3 de tierra ligera y 1/3 de mantillo preparado.
> **Exposición:** a pleno sol, evitando las corrientes de aire.
> **Rusticidad:** perfecta en suelos drenados o sucumbirán al primer invierno húmedo.
> **Mantenimiento:** divida los pies de las vivaces, que producen abundantes retoños, como *O. berlandieri*, cada 3 años. Anuales, bianuales o vivaces; f. en verano.

UNA GRANDE Y OTRA PEQUEÑA

Oenothera versicolor
> **Sus grandes tallos rectos,** de largas hojas verdes con rayas blancas, culminan en flores de un curioso color ocre amarillo desde mayo hasta agosto. H.: 1 m.

Oenothera macrocarpa
> **Los ramos de flores amarillo claro** florecen de julio a septiembre. En 2 años forma bellas matas de 50 cm de anchura. H.: 20 cm.

Oenothera macrocarpa

PAPAVER RHOEAS

Amapola

Sus corolas rizadas de un rojo único, el famoso «rojo amapola», animan los campos de trigo a comienzos de verano. En los últimos años ha reaparecido tras sobrevivir a los herbicidas más tenaces, a menudo donde se han removido tierras, ya que los suelos recién trabajados las hacen germinar rápidamente.

SUS CONDICIONES IDEALES

> **Suelo:** le gustan todos los suelos, incluso los arcillosos.

> **Exposición:** aunque germina bien en la semisombra, su floración es más bella a pleno sol.

> **Rusticidad:** perfecta. Es una planta anual, pero que soporta muy bien el frío; las plántulas espontáneas, que germinan en otoño, resisten los inviernos más rigurosos.

> **Mantenimiento:** recolecte las semillas para sembrarlas enseguida donde prefiera. No soporta bien los trasplantes. Anual; h.: 40 cm; f. en verano.

UNA BELLA DOBLE

Papaver rhoeas «Mother of Pearl»

> **Las corolas semidobles** ostentan toda la gama de pasteles y un blanco níveo, realzadas por una franja de estambres negros. Siémbrela a principios de marzo.

PAPAVER SOMNIFERUM

Adormidera

Al natural, florece a modo de anchas y hermosas copas de pétalos diáfanos de un rosa grisáceo singular, color que exhiben cuando se propagan solas las mejores selecciones de flores dobles. Estas variedades despliegan todos los tonos rosas, hasta el rojo más oscuro, en enormes corolas llenas de pétalos con flequillo. En cuanto se marchitan, muestran una urna de semillas del mismo verde azulado. No obstante, tenga cuidado; como cada urna contiene cientos se semillas, las adormideras pueden invadir el jardín rápidamente.

SUS CONDICIONES IDEALES

> **Suelo:** cualquier terreno, incluso con pocos nutrientes; en los suelos ricos alcanzan un altura impresionante, en detrimento de la floración.

> **Exposición:** a pleno sol o en semisombra, la floración es abundante e igualmente espléndida.

> **Rusticidad:** es una planta anual que realiza su ciclo entre la primavera y el verano, pero soporta muy bien el frío, y sus semillas, que germinan en otoño, resisten los inviernos más rigurosos.

> **Mantenimiento:** corte las flores marchitas para evitar una propagación siempre posible a través de semillas. Anual; h.: 1,30 m; f. en verano.

Papaver rhoeas

Papaver somniferum

PELARGONIUM SP.

Pelargonios

S on habituales en las ventanas desde su introducción desde Sudáfrica a comienzos del siglo XIX, y habitualmente se les llama *geranios*, aunque este nombre actualmente designa una familia de vivaces. Los horticultores han desarrollado multitud de variedades clasificadas según su aspecto: los pelargonios zonales, de hojas vellosas; el geranio hiedra; los fragantes de hojas aromáticas, y, más recientemente, los «de pensamiento» enanos, particularmente floríferos. No obstante, las variedades modernas, que se venden sin etiqueta, son mucho más frágiles que las antiguas, que encontrará bien identificadas en establecimientos especializados. Para conservarlos mucho tiempo, cultívelos en maceta e introdúzcalos en una galería cada otoño.

SUS CONDICIONES IDEALES

> **Suelo:** una mezcla a partes iguales de tierra de jardín y compost preparado, cubierto con 3 cm de guijarros o cáscaras de cacao a modo de acolchado.

> **Exposición:** es imprescindible tenerlos a pleno sol, al resguardo de las corrientes de aire, salvo excepciones.

> **Rusticidad:** –5 ºC con plantas de 3 años o más, protegidos en una ventana.

> **Mantenimiento:** cámbielos de maceta cada primavera y pode a 5 cm las ramas principales para que la planta se mantenga florífera. Recuerde que los esquejes cortados arraigan muy bien en maceta en la misma mezcla.
Vivaces; h.: 20-70 cm; f. según las especies.

DOS BELLOS ZONALES

«Patricia Andrea»

> **Sus flores en ramo, de un rosa salmón** intenso, no cesan desde principios de verano hasta Navidad. A finales de invierno hay que trasplantarlo para que adquiera vigor, o no crecerá, aunque también será atractivo. H.: 30 cm.

«Scarlet Rambler»

> **Los ramilletes de pequeñas rosas** de pétalos bicolores se suceden durante todo el verano. Es una variedad muy antigua, del siglo XIX, que envejece muy bien, formando grandes matas de tallos dorados a lo largo de 3 años. H.: 50 cm.

DOS BELLOS FRAGANTES

Pelargonium x fragrans

> **Su aroma** combina el pino, el eucalipto y la nuez moscada. Su porte se conserva siempre atractivo, con hojas redondas, ligeras, de un verde claro, sobre las que balancean ramilletes de florecillas rosa claro. H.: 20 cm.

Pelargonium tomentosum

> **Prefiere la sombra** para desarrollar su follaje aterciopelado, del que surgen flores en julio y agosto. Con solo rozarlo huele a menta. Es muy rústico, por lo que en invierno puede estar en el exterior al resguardo. H.: 70 cm.

Pelargonium sp.

Pelargonium x fragrans

POTENTILLA SP.

Potentillas

Estas vivaces de intenso colorido, emparentadas con las fresas, florecen desde mayo hasta septiembre con una gama de colores sorprendentemente variada. Son perfectas en muros y rocallas, incluso en los lugares más ingratos. En maceta, elija *Potentilla fruticosa* por su vasta gama de colores y su floración excepcional.

SUS CONDICIONES IDEALES

> **Suelo:** entre rocas, arena y en suelos pedregosos.
> **Exposición:** a pleno sol.
> **Rusticidad:** perfecta en las citadas aquí.
> **Mantenimiento:** ninguno.
Vivaces; h.: 40-80 cm; f. de mayo a septiembre.

DOS BELLAS

Potentilla atrosanguinea
> **Su floración, de un rojo muy vivo,** aparece en ramilletes ligeros de unas hojas palmeadas, plateadas y muy decorativas. H.: 40 cm.

Potentilla fruticosa (cincoenrama)
> **Estos pequeños arbustos densos** se cubren de corolas redondas en ramilletes de todas las tonalidades de rosa («Princess»), amarillo («Sunset»), naranja o rojo («Red Ace»). H.: 60-80 cm.

Potentilla sp.

VERBENA BONARIENSIS

Verbena alta

Esta preciosa planta de los jardines de estilo natural ha adquirido gran popularidad en poco tiempo, ya que aúna una gran elegancia con una sobriedad ejemplar. Sus altos tallos aéreos de un verde vivo estructuran el jardín más pequeño trazando divisiones transparentes. Su floración en pequeños ramilletes tupidos de un violeta vibrante se renueva desde principios de verano hasta las primeras heladas, atrayendo a multitud de mariposas. Es vivaz y se suele propagar copiosamente a través de semillas.

SUS CONDICIONES IDEALES

> **Suelo:** es suficiente con cualquier tierra de jardín de calidad bien drenada, pero durante el primer año hay que regarla bien y acolcharla para que se adapte.
> **Exposición:** prefiere el pleno sol; en semisombra no florece tanto.
> **Rusticidad:** –10 ºC, lo que con frecuencia la hace desaparecer prematuramente.
> **Mantenimiento:** a finales de verano, recolecte sus semillas y siémbrelas enseguida para renovar la plantación.
Vivaz; h.: 1,20 m; f. de junio a octubre.

Verbena bonariensis

Hojas originales
y portes sorprendentes

AEONIUM SP.

Eonios

La elegancia de sus rosetas persistentes y el grafismo de su porte hacen de los eonios unos huéspedes muy apreciados en una terraza o una ventana. Al finales de invierno vemos cómo los grandes eonios se coronan de enormes ramos de margaritas con pétalos de flequillos plumosos. Los pequeños solo florecen en las zonas más soleadas. Todos se deben cultivar en maceta, salvo en la costa.

SUS CONDICIONES IDEALES

> **Suelo:** mezcle 2/3 de una tierra vegetal de calidad para trasplantar con 1/3 de grava fina a fin de obtener una tierra filtrante. Cubra la superficie con guijarros grandes para mantener un fondo de humedad durante el verano.
> **Exposición:** ninguno florece si no está a pleno sol.
> **Rusticidad:** resisten algunas heladas nocturnas, hasta –5 °C, en un lugar seco y protegidos por un muro.
> **Mantenimiento:** corte las rosetas marchitas antes de que se sequen por completo para favorecer la aparición de otras. Controle las invasiones de gorgojos, cuyas larvas pueden devorar los tallos de las plantas adultas. Su presencia exige un cambio de maceta y de tierra después de retirar las raíces y los tallos dañados. Multiplíquelos plantando esquejes a principios de verano.
Suculentas; f. en primavera.

DOS HERMOSOS GRANDES (80 cm)

Aeonium arboreum

> **Porte de arbusto y tallos suculentos,** coronados por rosetas de hojas carnosas de un verde alegre, de 15 a 20 cm de ancho, lisas, aplanadas y espatuladas, de margen ciliado. En Marruecos alcanza los 2 m, pero en nuestras zonas soleadas no suele superar los 80 cm. En primavera, unos enormes ramos de margaritas amarillas cubren las rosetas; duran más de un mes.

Aeonium arboreum «Zwartkop»

> **Muy buscado por los amantes de plantas negras,** pero es menos vigoroso que la especie tipo. Raras veces llega a florecer (en amarillo).

DOS HERMOSOS PEQUEÑOS (20-50 cm)

Aeonium haworthii

> **Uno de los más populares,** con sus tallos finos ondulados bajo una corona de rosetas de un verde azulado con el margen rosa. Forma bellas macetas, que llena en poco tiempo. Su floración rosada solo aparece a pleno sol. Protéjalo de la humedad en invierno. H.: 20-50 cm.

Aeonium tabuliforme

> **Esta tartaleta de hojas ultraplanas** seduce a los amantes de las plantas crasas, pero solo los especialistas la cultivan, ya que es poco rústica. Su floración en parasol de margaritas amarillas es espectacular, pero a menudo hace marchitar a esta única rosea gigante sin sucesión. En zonas cálidas puede alcanzar 30 cm de anchura.

Aeonium arboreum

AGAVE SP.

Agaves

Estas plantas originarias de las montañas de las Antillas y de América no necesitan estar a pleno sol. Su escasa necesidad de riego hace que su cultivo en maceta sea muy fácil, pero cuidado con el extremo acerado que culmina cada una de sus suculentas hojas. Su espiga floral es espectacular, jalonada por plataformas de discos amarillos de hasta 3 o 4 m de altura, pero solo aparece en zonas cálidas. Dividirlos es muy sencillo: cada retoño arraiga enseguida en contacto con la tierra.

SUS CONDICIONES IDEALES

> Suelo: cualquier tierra de jardín de calidad bien drenada. En maceta, mezcle a partes iguales mantillo preparado, tierra de jardín y grava gruesa.

Agave americana

> Exposición: a pleno sol, al resguardo de las corrientes de aire.

> Rusticidad: *Agave americana* soporta pequeñas heladas (–5 °C) si está en un lugar seco; *A. attenuata* no puede permanecer en el exterior en invierno.

> Mantenimiento: ninguno, salvo en caso de floración, cuando hay que cortar la roseta marchita antes de que al secarse pierda su atractivo.

Suculentas; h.: 50 cm-1 m; f. en verano.

DOS HERMOSOS

Agave americana

> El más popular, sin duda a causa de su incomparable escaso riego y por su majestuosidad, ya que alcanza proporciones imponentes. La variedad «Marginata», de hojas ribeteadas de amarillo, gozó de gran popularidad en la década de 1960; parece particularmente rústica. Las plantas adultas sobreviven a temperaturas inferiores a –10 °C. H.: 1 m, tallo floral hasta 3 m.

Agave attenuata

> Una de las suculentas más elegantes que se pueden cultivar en maceta. Con el tiempo, las hojas de la base de marchitan y dejan a la vista un pequeño tronco bellamente moteado. Despunte las hojas para que resulten inofensivas, dispóngalo en una bonita maceta barnizada, con la superficie cubierta de bellos guijarros, y tendrá una planta magnífica sin mantenimiento. H.: 50 cm.

Agave attenuata

HOJAS ORIGINALES Y PORTES SORPRENDENTES

ALOE SP.

Aloes

De esta gran familia africana, que engloba más de 300 especies, hemos elegido uno de los aloes más floríferos y otro famoso por sus hojas medicinales. Como todas las plantas crasas, no dan trabajo, son capaces de desarrollarse en manos del jardinero más descuidado.

SUS CONDICIONES IDEALES

> **Suelo:** plántelos en una mezcla a partes iguales de tierra de jardín, grava gruesa y tierra vegetal de plantación.

> **Exposición:** a pleno sol, al resguardo de las corrientes de aire.

> **Rusticidad:** soportan pequeñas heladas (–5 ºC) con ambiente seco, pero lo más prudente es tenerlos en el interior desde principios de otoño hasta finales de primavera.

> **Mantenimiento:** el secreto de su floración es el máximo de luz durante todo el año, un riego semanal en verano y el mínimo estricto el resto del año. Cada 3 o 4 años, trasplántelos a una maceta un poco más grande, y aproveche para plantar esquejes.

Vivaces; h.: 15-50 cm-1 m; f. en verano.

TRES BELLOS

Aloe aristata

> **Uno de los más comunes y más bonitos,** con sus rosetas tupidas de flores dentadas, realzadas por finas puntas rizadas. Ubíquelo a plena luz para admirar su espléndida floración escarlata en forma de candelabros de 50 cm en pleno verano. Se multiplica fácilmente por retoños.

Aloe variegata

> **La denominan** *pecho de perdiz,* y es uno de las más populares. Todos los años, a finales de invierno, le sorprenderá con sus altos tallos florales flexibles llenos de campanillas de color bermellón. Su floración dura más de un mes. H.: 15 cm.

Aloe vera

> **La lástima es que solo florece en las zonas cáli-das,** ya que es magnífico cuando despliega sus esbeltos tallos con campanillas amarillas, de 50 cm de altura. El resto del año es valorado por sus gruesas hojas de borde dentado, de un verde claro. Posee un notable efecto cicatrizante: basta con un trozo recién cortado para cicatrizar un corte o calmar una quemadura. H.: 50 cm.

Aloe saponaria

Aloe variegata

Andropogon

E s una de las gramíneas más bellas y más resistentes a la sequía. Sus espigas son sedosas como las de *Pennisetum villosum*, pero persisten mucho más tiempo, conservando su belleza en invierno, hasta la primavera. Sus hojas son de un verde azulado, lisas, reunidas en matas cortas y aceradas, con un porte ultraligero. Formando una hilera a plena luz, muestra su aspecto más atractivo. Esta vivaz rústica se suele reproducir a través de semillas.

SUS CONDICIONES IDEALES

> **Suelo:** cualquier terreno, incluso muy arcilloso.
> **Exposición:** en el sol, sin perjudicarle el viento.
> **Rusticidad:** no precisa cuidados.
> **Mantenimiento:** corte las ramas secas en primavera. Divida los pies cada 3 años para favorecer la floración. Gramínea; h.: 1 m; f. de junio a noviembre.

Andropogon ternarius

Las espigas sedosas de Andropogon son muy decorativas.

HOJAS ORIGINALES Y PORTES SORPRENDENTES

ARTEMISIA SP.

Artemisias

Las artemisias son apreciadas por sus hojas sedosas, que adquieren todos los matices de gris y verde claro. Realzan y llenan la arquitectura de los macizos y las floraciones vistosas de las plantas que las rodean. Ya sean grandes o pequeñas, nos permiten elegir entre tapizante o arbusto redondo y flexible. Además de la miríada de aromas. Por ello se les perdona su rusticidad imperfecta, una longevidad a menudo escasa, unas hojas sensibles al frío y una floración sin gracia.

SUS CONDICIONES IDEALES

> **Suelo:** cualquier tierra de jardín de calidad bien drenada, con preferencia por los suelos ligeros, arenosos, e incluso calcáreos y pedregosos.

> **Exposición:** preferiblemente al sol, aunque algunas crecen bien en la sombra.

> **Rusticidad:** variable dependiendo de las especies y las variedades.

> **Mantenimiento:** al finalizar las heladas, en primavera, pode las grandes a 10 cm del suelo para animarlas a producir retoños y evitar que se queden sin hojas. Los tallos cortados arraigan fácilmente en un rincón umbrío del jardín. Corte también los tallos florales antes de la floración para conservar un porte compacto y elegante en artemisias grandes y pequeñas.

Arbustos o vivaces; f. desde verano hasta otoño.

TRES HERMOSAS GRANDES (1-1,20 m)

Artemisia absinthum (ajenjo)

> **Sus hojas amargas,** frondosas, de un gris verde variable y muy aromáticas, son la principal característica de esta belleza impresionante. Muy pronto forma un arbusto de 1 m de altura que va adquiriendo amplitud con el tiempo, ya que sus tallos se acodan. Por suerte, ya que no suele vivir más de 10 años. Opte por la variedad «Lambrook Silver», de un gris luminoso y hojas extremadamente finas. El invierno le confiere cierto aire descuidado, pero con la primavera recupera el vigor. En zonas cálidas hay que elegir el ajenjo moruno, más resistente a las sequías intensas.

Artemisia alba «Canescens»

Artemisia «Powis Castle»

Artemisia arborescens (ajenjo moruno)

> **Sus hojas son más aéreas** y más flexibles que las del ajenjo común, aunque producen alguna rosa antigua o una pequeña clemátide entre sus tallos aéreos. No obstante, es más exigente, ya que solo prospera en los suelos más pedregosos, mejor drenados y preferentemente a pleno sol. Adquiera «Powis Castle», de hojas muy finas y más densas que la especie tipo.

Artemisia abrotanum

Artemisia lactiflora

Artemisia lactiflora

> Se la reconoce por sus hojas de color verde oscuro, lobuladas, anchas y flexibles. Ofrece su mejor aspecto en franjas de 2 a 3 m de largo. Produce unas bellas espigas florales aéreas de color crema. Sin embargo, es mejor cortar los tallos florales en cuanto se marchiten para que las plantas se conserven hermosas. Es una especie para un gran jardín silvestre, ya que alcanza los 1,20 m.

TRES HERMOSAS PEQUEÑAS (20-40 cm)

Artemisia abrotanum (abrótano)

> **Su intenso olor a alcanfor,** sus hojas lisas y sus tallos finos de 40 cm, bien revestidos de agujas flexibles de un verde claro, son sus principales cualidades, junto con su rusticidad ejemplar, ya que en cualquier tipo de suelo, incluso en la fría arcilla, crece bien y es longevo, siempre que le dé el sol unas horas al día. No obstante, hay que eliminar una floración sin gracia y no dudar en podarla a ras del suelo en mayo para eliminar sus innumerables acodos para contenerla en el espacio deseado. Plántela preferiblemente como bordura de macizos o como cobertura de un talud.

Artemisia alba «Caenescens»

> **Sus hojas aéreas, curiosamente rizadas,** se tornan casi azules en los días más cálidos del verano, y violáceas en invierno, sin perder su aspecto de encaje preciso, formando elegantes matas de escasa altura (20 cm). Es rústica, y si se le cubre el pie con losas grandes, muestra su mejor porte y resiste mejor el frío en zonas húmedas.

Artemisia ludoviciana

> **Esta frugal produce tallos rastreros** revestidos de hojas dentadas de un plateado oscuro, incluso en la sombra seca de los jardines más áridos. Sin embargo, esta pequeña artemisia (30 cm) prefiere crecer sobre una capa de grava. Elija «Silver Queen», especialmente luminosa en primavera, cuando renueva sus hojas.

ESTRAGÓN

Artemisia dracunculus

Con su follaje liso de un color verde agua que solo el otoño seca y su aroma sutil que realza los platos más delicados, el estragón es una de las plantas aromáticas más finas. Esta gran vivaz (1 m) requiere la protección de un muro orientado al sur y el drenaje perfecto de un suelo pedregoso para sobrevivir a las heladas de un invierno húmedo. Al llegar el otoño no se olvide de protegerla bajo una cubierta de tejas o piedras planas.

CRASSULA SP.

Crásulas

Estas plantas suculentas con frecuencia no empiezan a producir flores estrelladas blancas o rosas hasta 5 o 6 años después de plantarse. Son sensibles al frío, de modo que deben plantarse en maceta, en una mezcla muy drenante y protegidas durante el invierno. Su cultivo es fácil, pero son frágiles y se rompen al menor golpe. Todas se propagan con facilidad por esquejes.

SUS CONDICIONES IDEALES

> **Suelo:** plántelas en una mezcla a partes iguales de grava, tierra franca y compost preparado.

> **Exposición:** a pleno sol todo el año, protegidas de las corrientes de aire.

> **Rusticidad:** a finales de septiembre, introdúzcalas en una galería, pero en invierno airéelas tanto como le sea posible en las horas más cálidas del día.

> **Mantenimiento:** trasplántelas cada 3 años después de sumergir la maceta en agua para retirar la tierra en bloque sin romper estas frágiles plantas. Sus esquejes arraigan muy bien en primavera y verano.

Suculentas; f. en otoño.

DOS HERMOSAS GRANDES (50-70 cm)

Crassula arborescens (árbol de jade)

> **Es apreciado sobre todo por sus hojas grises** bordeadas de un fino hilo rosa, ya que suele tardar en florecer. La floración aparece en plantas ya ramificadas, en pleno invierno. Sus flores son delicadas estrellas rosas. Al cabo de unos diez años de cultivo forma una mata compacta de 60 cm de altura y anchura.

Crassula ovata

> **Es la más común de todas** por su porte de arbolillo suculento de hojas verdes lustrosas, realzadas por un hililo rojizo. Crece bien en el interior, pero está más hermosa al aire libre, junto a un muro soleado durante todo el verano. Sus flores en forma de estrellas blancas no son especialmente bellas. Existe una variedad variegada con tonos crema menos vigorosa. Su defecto: se rompe con un ligero golpe, pero sus esquejes arraigan enseguida. H.: 50-70 cm.

DOS HERMOSAS RASTRERAS (10-15 cm)

Crassula perfoliata

> **Sus hojas gris azulado,** realzadas por un ribete rojo, parecen hélices en torno a los tallos rastreros. Cada brote es coronado por un ramillete de florecillas rojas durante los veranos calurosos. Es preciosa al pie de un gran pelargonio en maceta, recubriendo el suelo. H.: 15 cm.

Crassula perforata

> **Sus hojas verdes dispuestas formando cuadrados** alrededor de los tallos son características. Sacan raíces a medida que tapizan el suelo, cada vez más entrelazadas. En verano, cada una se cubre de un ramo de florecillas blancas de pétalos rectangulares curvados. «Green Pagoda», de hojas verde claro, es muy bonita. Combínela con *Crassula ovata* o con *Salvia discolor* para tener una composición preciosa y nada exigente. H.: 10 cm.

Crassula arborescens

Dasilirion

Dasylirion longissimum

E ste dasilirion emblemático de los jardines mediterráneos soleados también puede cultivarse en climas más rigurosos, aunque en este caso raras veces podrá admirar su tallo floral de 4 m elevándose hacia el cielo azul de pleno verano. Sus hojas estrechas, tupidas, dentadas y persistentes forman una bola radial muy bella en una terraza o en una galería soleada.

SUS CONDICIONES IDEALES

> **Suelo:** lo ideal es un suelo arenoso o pedregoso, y en cualquier caso filtrante. En maceta, prepare una mezcla de 2/3 de arena gruesa y 1/3 de compost preparado.

> **Exposición:** necesariamente a pleno sol, protegido de las corrientes de aire.

> **Rusticidad:** si el suelo está bien drenado, puede soportar temperaturas ligeramente inferiores a los 0 °C, pero en este caso es mejor plantarlo en maceta e introducirlo en el interior a comienzos de otoño.

> **Mantenimiento:** controle las cochinillas en la base de las hojas. En caso de invasión, pulverícelo con una mezcla jabonosa (una cucharada sopera de jabón negro diluida en 1 litro de agua). En verano, riéguelo abundantemente cada 15 días; en invierno deje que la tierra se seque antes de regarlo.

Suculenta; h.: 1,50-2 m en flor; f. en verano.

Su forma de bola radial crea un bello volumen en los macizos.

ECHEVERIA SP.

Echeverias

Con su floración de pequeños farolillos amarillos, naranjas o rojos, que a menudo aparecen en pleno invierno, y su austeridad ejemplar, las echeverias son plantas facilísimas. Plántelas en maceta, a modo de tapiz, al pie de pelargonios, *Salvia discolor*, crásulas arbustivas y vivaces, que deberá proteger en invierno.

SUS CONDICIONES IDEALES

> **Suelo:** lo ideal es una tierra común bien drenada. En maceta, mezcle a partes iguales de tierra de jardín, compost preparado y grava.

> **Exposición:** el sol les es indispensable tanto en verano como en invierno.

> **Rusticidad:** son más rústicas de lo que sugiere su origen mexicano; pueden permanecer fuera durante el invierno, protegidas en una ventana soleada.

> **Mantenimiento:** corte las hojas secas, ya que le restan atractivo. Trasplántelas cada 3 años para favorecer una floración abundante. La planta se rompe fácilmente, pero una simple hoja colocada sobre la tierra arraiga y da lugar a una nueva plántula.

Suculenta; h.: 5-25 cm; f. según las especies.

DOS DE HOJAS LISAS

Echeveria derenbergii

> **Es la más popular por sus tapices de rosetas grises** sobre las que unos finos cascabeles amarillos y rojos parecen bailar de febrero a junio. Un fino ribete rojo rodea sus rosetas de 5-6 cm de diámetro, que pronto se rodean de otras rosetas que florecen durante la primavera siguiente. H.: 5 cm.

Echeveria «Topsy Curvy»

> **Con su follaje ondulado de un gris claro luminoso** forma grandes rosetas elegantes si se la cultiva en solitario en una bonita maceta. Con frecuencia florece en pleno invierno, con altos tallos finos y flexibles, de color carmín, que se doblan bajo campanillas rojas. Su floración se prolonga hasta pleno verano. Si la dejan libre, pronto se torna tapizante, pero entonces sus rosetas son más pequeñas. H.: 12 cm.

DOS DE HOJAS ATERCIOPELADAS

Echeveria ciliata

> **Si se cultiva en solitario**, rápidamente llena una maceta de 10 cm de ancho con una gran roseta plana, repleta de hojas verdes cubiertas por un grueso vello con reflejos rojizos. En una maceta más grande sus rosetas se apiñan en copas características. En febrero se cubren de finos tallos florales rojos, culminados por farolillos de color bermellón a menudo manchados de amarillo. H.: 10 cm.

Echeveria pilosa

> **Sus hojas puntiagudas, muy rollizas,** reunidas en rosetas radiales, son aterciopeladas, y las del centro suelen estar teñidas de gris. Muy pronto las rosetas se elevan sobre un pequeño tronco pardo, en cuyo pie aparecen otras rosetas. Su floración en lo alto de tallos filiformes, en forma de farolillos naranjas, y amarillo vivo por dentro, se escalona entre marzo y junio. H.: 25 cm.

Echeveria ciliata

ERAGROSTIS CURVULA

Eragrostis

sta fuente de finas hojas se cubre de panículas beis grisáceas durante el verano. En las zonas más frías, sus hojas se tornan rojizas antes de secarse, pero en climas suaves es persistente y puede reproducirse por semillas. Su rápido crecimiento y su vitalidad la convierten en una elegante solución para estabilizar las tierras de un talud o llenar un rincón de jardín de suelo árido.

SUS CONDICIONES IDEALES

> **Suelo:** siente predilección por los suelos drenados de cualquier tipo.

> **Exposición:** a pleno sol despliega su mejor porte y florece con generosidad.

> **Rusticidad:** una vez la planta es adulta (a los 3 años), resiste los fríos más intensos. Durante los 2 primeros inviernos, rodee su pie con una capa de 10 cm de hojarasca.

Eragrostis curvula

> **Mantenimiento:** corte las hojas secas en primavera. Trasplante las nuevas plántulas en otoño o primavera. Gramínea; h.: 1 m; f. en verano.

Cuando se plantan en grupo, estas gramíneas tienen un aire muy contemporáneo.

EUPHORBIA SP.

Euforbias

E stas vivaces persistentes llenan el jardín con su altura, tanto si son imponentes como *Euphorbia characias* como trepadoras, como *E. myrsinites.* Su singular floración verde tilo combina con los colores más difíciles, como el malva de la juliana, el granate de *Primula auricula* y de *Helleborus orientalis* y el azul de los miosotis.

SUS CONDICIONES IDEALES

> **Suelo:** se desarrollan en cualquier tierra de jardín bien drenada, incluso de calidad mediocre. Todas crecen bien entre las piedras.

> **Exposición:** en semisombra, su floración es más delicada que a pleno sol, aunque también se desarrollan muy bien en esta ubicación.

> **Rusticidad:** perfecta, pero no son longevas; a menudo se propagan a través de semillas.

> **Mantenimiento:** pode los tallos marchitos, ya que restan atractivo. Trasplante las plántulas espontáneas, preferiblemente en otoño, para adelantar su floración. Arbustos o vivaces; f. en primavera.

UNA HERMOSA GRANDE (1,20 m)

Euphorbia characias (lechetrezna mayor)

> **Este manojo de tallos flexibles** con largas hojas verde azuladas se dobla bajo el peso de unos ramilletes enormes de ciatos dorados, moteados de negro o rojizo y rodeados por un ancho involucro de color verde claro. Su floración es larguísima: se prolonga desde finales de febrero hasta abril, ya que, tras producir semillas, las flores siguen siendo atractivas. No obstante, hay que cortarlas cuando se marchiten, ya que, de lo contrario, las ramas secas pueden restar atractivo a la planta, que puede extenderse en abundancia por las semillas. La variedad «Lambrook Gold» es particularmente florífera. H.: 1,20 m.

TRES HERMOSAS PEQUEÑAS (10-30 cm)

Euphorbia cyparissias

> **Apodada** *euforbia ciprés,* y se caracteriza por sus finas hojas azuladas, que amarillean en otoño. Su floración se escalona de mayo a agosto. Al principio es verde ácido, pero vira a rojizo en suelos áridos. La floración de «Orange Man» se tiñe de naranja en otoño. Se multiplica por retoños, y puede ser invasora, pero para coronar un muro o cubrir un talud árido, es perfecta. H.: 20 cm.

Euphorbia myrsinites

> **Su porte postrado se distingue de inmediato** por sus tallos retorcidos con hojas lisas y tupidas en espirales, un poco suculentas. La primavera la corona de umbelas verde tilo, que es mejor podar en cuanto se marchitan para que la planta conserve su atractivo. Queda exquisita en rocallas, o sobre una pared de piedra seca. H.: 10 cm.

Euphorbia rigida

> **Extiende sus tallos gruesos** en un gran ramo abierto, inclinado por el peso de unas inflorescencias redondas que abren sus hojas glaucas alineadas a modo de cepillo. Su floración se prolonga de marzo a junio, pasando de un amarillo verde ácido a un rojizo. H.: 30 cm.

Euphorbia rigida

FESTUCA GLAUCA

Festuca azul

Su porte en forma de bola radial con hojas ultrafinas de un azul acero permite reconocerla entre la gran familia de las gramíneas. A comienzos del verano produce unas finas espigas de color violeta que conservarán su elegancia hasta el otoño, cuando se tornan doradas. La variedad «Blaufuchs» es de un tono más vivo que la especie tipo.

SUS CONDICIONES IDEALES

> **Suelo:** seco, bien drenado, pobre o incluso árido. Esta gramínea está preciosa en rocallas o en el margen redondeado de un camino enlosado con pizarra, ya que incluso si se planta en doble fila, en grandes grupos de 7 a 10 plantas, conserva su porte redondo y compacto.

> **Exposición:** obligatoriamente a pleno sol; no obstante, soporta las corrientes de aire.

> **Rusticidad:** excelente, pero debe reservarse a las zonas más secas en invierno.

> **Mantenimiento:** corte los tallos secos en otoño. Cada 2 años, divida los pies en primavera y plante de nuevo en un suelo no abonado y bien drenado, o bien las matas perderán las hojas.

Gramínea; h.: 25 cm; f. en junio-julio.

HELIANTHEMUM SP.

Heliantemos

La floración de estas pequeñas matas compactas se prolonga durante el buen tiempo, a menudo esparciendo unos pétalos de color intenso sobre un follaje gris, compacto y persistente. Son perfectas para embellecer taludes rocosos, grandes recipientes bajos decorados con *Sedum* y plantas crasas, y requieren muy pocas atenciones. Existe multitud de variedades que muestran toda la gama de amarillos, desde el naranja hasta el rojo, y todos los rosados. Con frecuencia se venden sin nombre.

SUS CONDICIONES IDEALES

> **Suelo:** es ideal una tierra de jardín de calidad bien drenada, un poco calcárea. En un suelo pobre, cuídelas añadiendo una palada de mantillo preparado a cada planta para que arraigue rápidamente antes del verano.

> **Exposición:** obligatoriamente a pleno sol para que su floración sea soberbia y prolongada.

> **Rusticidad:** excelente en un suelo drenado. En zonas frías y lluviosas cultívelos en macetas, que pondrá al resguardo en invierno acercándolas a un muro soleado.

> **Mantenimiento:** pódelos cada primavera para tener unas plantas bien tupidas.

Sufrútices; h.: 60 cm; f. en mayo-junio.

Festuca glauca

Helianthemum sp.

HELICHRYSUM SP.

Helicrisos

E stas elegantes plantas aromáticas a veces reciben el nombre de *inmortales*, apelativo que les hace justicia, ya que sobreviven en las condiciones más difíciles. Sus hojas grises, persistentes y aromáticas, sus ramilletes de botones amarillos y su porte en matas bien definidas las convierten en plantas perfectas para borduras y rocallas.

SUS CONDICIONES IDEALES

> **Suelo:** sienten predilección por cualquier suelo bien drenado, incluso los arenosos o calcáreos. En maceta, cultívelos en una mezcla drenante formada por 2/3 de tierra de jardín y 1/3 de arena gruesa.

> **Exposición:** deben estar a pleno sol y protegidos por un muro en las zonas donde el invierno es riguroso. En cambio, todos resisten el viento y la salinidad del mar.

> **Rusticidad:** varía mucho según las especies, pero el cultivo en un suelo perfectamente drenado mejora su resistencia al frío.

> **Mantenimiento:** divida los pies cada 3 años para que se mantengan bien densos. Todos se reproducen fácilmente por esquejes en primavera y verano.

Vivaces, sufrútices o arbustos; h.: 20 cm-1,20 m; f. según las especies.

CUATRO BELLOS

Helichrysum italicum

> **Recibe el nombre de** *tomillo yesquero* por el intenso olor de sus hojas lineares, y forma una ancha mata irregular que puede alcanzar 70 cm de ancho. A principios de verano, cada brote tierno es coronado por un ramillete de botones amarillo claro que habrá que cortar en cuanto se marchite, puesto que una vez seco no es nada bonito. Si está protegido, resiste los inviernos más intensos. H.: 50 cm.

Helichrysum maritimum

> **Es la inmortal de las arenas de nuestras costas,** un ramillete gris claro de florecillas amarillas y botones algodonosos en flor durante todo el verano, cuyos cálices de mica beis mantienen su belleza durante más

de un año. Esta elegante planta de suave aroma solo se desarrolla en las regiones más soleadas y de clima benigno. H.: 20 cm.

Helichrysum orientale

> **Es una magnífica planta rastrera** de hojas pilosas largas de un gris luminoso. A principios de verano aparecen ramos redondos de capítulos amarillos cuyos cálices en forma de estrella se secan como papel de seda, y conservan su belleza hasta la primavera siguiente. Divida esta bella vagabunda cada 2 años para contenerla como bordura de macizos o déjela trepar por un muro soleado. H.: 20 cm.

Helichrysum splendidum

> **Este arbusto de tallos erectos** alcanza proporciones inusitadas en esta familia, acompañando *Phlomis* y salvias con su amplio porte. Florece a finales de verano y hasta el otoño en zonas soleadas, pero en los suelos secos es rústico. Retire los tallos marchitos a finales de primavera para que sea muy florífero. H.: 1,20 m.

Helichrysum italicum

LAVANDULA SP.

Lavandas

mavera, los horticultores proponen múltiples variedades más rústicas que la especie tipo, muy sensible al frío húmedo, pero se venden sin nombre. H.: 40 cm.

Es tan popular que se cultiva en toda la península Ibérica, desde el matorral mediterráneo hasta en las ventanas del norte, donde les cuesta soportar los inviernos húmedos y muy fríos. Su prolongada floración perfumada de cien maneras y sus hojas persistentes las hacen ideales para borduras, muretes y rocallas.

SUS CONDICIONES IDEALES

> **Suelo:** cualquier terreno bien drenado, preferiblemente calcáreo. En maceta necesitan una mezcla drenante: mitad tierra de jardín, mitad arena calcárea gruesa.

> **Exposición:** para que desprendan su aroma deben estar a pleno sol.

> **Rusticidad:** hasta –10 °C, todas aguantan bien en un suelo drenado y en un lugar al resguardo.

> **Mantenimiento:** pódelas bien en cuanto se marchite la flor para que se mantengan bien compactas, y aproveche para plantar esquejes en un rincón umbrío del jardín. Arbustos; h.: 30-50 cm; f. de mayo a julio.

TRES BELLAS

Lavandula angustifolia (espliego)

> También se denomina espliego fino por la sutilidad de su fragancia, y produce flores «azul lavanda» de mayo a julio. No obstante, la variedad «Bleu des Collines» produce una flor más oscura y más tupida que la de la especie tipo, e «Hidcote» produce flores de color azul violáceo. Se extiende rápidamente en capas desnudas, de modo que hay que podarla en cuanto se marchita la flor y renovar las plantaciones cada 3 años. H.: 30 cm.

Lavandula x intermedia (lavandín)

> Con sus hojas tupidas de color verde, de las que sobresalen espigas oscuras, forma unas matas espectaculares. Existen variedades con las hojas grises y flores más claras, como «Dutch», azul claro, o «Grappenhall», azul cielo, más claras que el lavandín clásico. H.: 50 cm.

Lavandula stoechas (cantueso)

> Sus espigas de flores coronadas por varias brácteas que contrastan con las flores cerradas permiten reconocer esta lavanda de aroma alcanforado. Cada pri-

Lavandula x intermedia y Perovskia sp.

Lavandula stoechas

PENNISETUM VILLOSUM

Peniseto

Sus espigas plumosas alegran los macizos soleados, mezcladas con las espigas de *Agastache* y nepetas, así como con ramilletes de milenramas en composiciones que se conforman con un mínimo de agua. Su periodo de esplendor va de julio hasta las heladas intensas. Esta vivaz se suele multiplicar por semillas abundantemente en zonas soleadas.

SUS CONDICIONES IDEALES

> **Suelo:** siente predilección por cualquier tierra de jardín bien drenada.

> **Exposición:** a pleno sol o en semisombra, junto a un muro orientado al oeste; de lo contrario, no florece.

> **Rusticidad:** sin problema hasta –10 °C.

> **Mantenimiento:** corte los tallos florales marchitos en primavera. Trasplante las plántulas espontáneas en otoño o bien en primavera, en tierra de jardín común, sin compost.

Gramínea; h.: 60 cm; f. de julio a noviembre.

Pennisetum villosum

PEROVSKIA «BLUE SPIRE»

Salvia rusa

Este gran ramo de espigas azules y tallos aterciopelados tan claros que parecen blancos ha alcanzado una enorme popularidad. Es una planta vivaz aromática que combina bien con las milenramas amarillas y crema, los hisopos de anís y las salvias, con las que comparte el gusto por los jardines muy soleados y bien protegidos de las corrientes de aire.

SUS CONDICIONES IDEALES

> **Suelo:** obligatoriamente bien drenado, incluso calizo o árido, o morirá en invierno.

> **Exposición:** a pleno sol; de lo contrario, apenas florecerá y perderá su atractivo. Crece bien junto al mar, protegida del viento y la salinidad.

> **Rusticidad:** hasta –10 °C en lugares secos.

> **Mantenimiento:** en zonas cálidas, pódela bien a finales de invierno; en otras regiones espere a que cesen las heladas.

Vivaz; h.: 1,20 m; f. en septiembre-octubre.

Perovskia «Blue Spire»

RUTA GRAVEOLENS

Ruda

Esta curiosa vivaz de hoja persistente redonda, y de un color verde azulado, es común en los jardines secos. En ocasiones, su fragancia desagrada, pero es discreta. En cambio, crea un notable efecto junto con rosales y peonías de color pastel. Se puede usar como bordura, pero en este caso hay que modelarla con la podadera al menos 2 veces durante el verano.

SUS CONDICIONES IDEALES

> **Suelo:** se encuentra a gusto en cualquier tierra de jardín de calidad.
> **Exposición:** en semisombra, su follaje es más azulado, pero también crece muy bien a pleno sol.
> **Rusticidad:** no tiene dificultades en ninguna región.
> **Mantenimiento:** corte las flores marchitas para que se mantenga compacta. Cada 3 años, divida los pies y plántelos en un suelo simplemente cavado.
Vivaz; h.: 70 cm; f. en verano.

Ruta graveolens

SANTOLINA CHAMAECYPARISSUS

Abrótano hembra

El abrótano hembra es la *Santolina* más común y la más rústica. Se extiende en grandes matas de tallos granulosos, aromáticos en cuanto los rozamos. *Santolina rosmarinifolia*, con su color verde intenso, revela su mayor sensibilidad a las intemperies invernales, sobre todo en suelos arcillosos. El inicio de la primavera hace que rebosen de capítulos amarillos planos, sostenidos por tallos filiformes. Si se podan cada verano, son perfectos para formar bellas borduras bajas y densas, o para plantarse en un macizo en flor, ya que son persistentes.

SUS CONDICIONES IDEALES

> **Suelo:** cualquier tierra de jardín de calidad.
> **Exposición:** al sol y protegido de las corrientes de aire, ya que en este caso puede mostrarse vulnerable a los fríos intensos.
> **Rusticidad:** sin problemas hasta –10 °C al resguardo y en suelo drenado.
> **Mantenimiento:** divida el pie cada 3 años para renovar la plantación en un suelo simplemente cavado, sin añadirle compost.
Vivaz; h.: 30 cm; f. en verano.

Santolina chamaecyparissus

Siemprevivas

Esta familia debe su popularidad a su legendaria escasa necesidad de agua. Las siemprevivas, magníficas y eficaces coberturas del suelo, se aclimatan de manera impecable a las macetas, donde protegen, tanto del hielo como de la canícula, las raíces de las plantas adyacentes.

SUS CONDICIONES IDEALES

> **Suelo:** estas plantas resistentes prefieren las tierras poco ricas y ligeras a los ricos suelos arcillosos en los que se hacen enormes, pero producen poca flor.

> **Exposición:** a pleno sol, incluso expuestas al viento, para que desplieguen todos los matices de su follaje y produzcan una floración abundante.

> **Rusticidad:** perfecta en las seleccionadas aquí.

> **Mantenimiento:** corte las rosetas marchitas antes de que se sequen y afeen la planta. Cada primavera, añada un poco de tierra fina sobre los tallos desnudos para que salgan nuevos brotes, o divida las plantas y plántelas en un suelo recién cavado.

Suculentas; h.: 3-20 cm; f. en verano.

CUATRO BELLAS

Sempervivum arachnoideum (siempreviva de telarañas)

> **Esta pequeña siempreviva de rosetas verdes** veladas de blanco resiste las peores sequías, encogiéndose hasta el punto de que parece seca. En junio o julio de pronto produce multitud de grandes ramos de margaritas rosas, tan grandes como las rosetas de las que surgen. Es una planta preciosa en rocalla o en maceta, que se puede combinar, por ejemplo, con *Primula auricula*. H.: 3 cm.

Sempervivum ciliosum

> **Con sus rosetas redondas de 5 cm de diámetro,** apretadas unas contra otras, y cubiertas por un fino pelaje translúcido, es una de las más bellas. Sus flores amarillas son un gran espectáculo en junio y julio. H.: 10 cm.

Sempervivum «Commander Hay»

> **Sus vistosas hojas purpúreas** combinan a la perfección con las aterciopeladas de S. *ciliosum* para componer

escenas encantadoras, y solo requieren la poda de las flores marchitas. Floración rosa oscuro en junio-julio. H.: 20 cm.

Sempervivum zelebori

> **Forman un tapiz de rosetas compactas,** verde grisáceo y aterciopeladas. A finales de verano adquieren un tono rojizo y los extremos puntiagudos de sus hojas carnosas son muy visibles. De mayo a julio, unos grandes ramos de margaritas de color amarillo paja, con un toque de púrpura en el centro, realzan la belleza de esta siempreviva tan prolífica que hay que dividirla cada 2 o 3 años. H.: 15 cm.

Sempervivum arachnoideum

Sempervivum sp.

SENECIO CINERARIA

Cineraria marítima

L a cineraria produce flor, pero se suele cultivar solo por su follaje aterciopelado de un blanco azulado. Es vivaz en las zonas donde el invierno es suave, pero en general se conserva solo un verano, ya que sus flores, de un triste amarillo mostaza, que aparecen el segundo verano después de plantarla, carecen de interés. Existen variedades de hojas más o menos dentadas, pero normalmente se venden sin etiqueta.

SUS CONDICIONES IDEALES

> **Suelo:** enriquezca el suelo con dos puñados de compost preparado antes de plantarla y riéguela copiosamente hasta que salgan nuevos brotes, ya que si bien prefiere los suelos drenados, debe arraigar fácilmente.

> **Exposición:** solo si está a pleno sol lucirá espléndida, pero también crece bien en semisombra.

> **Rusticidad:** unos –5 °C, en un lugar seco.

> **Mantenimiento:** riéguela con manguera, dejando que el agua penetre lentamente en la tierra, sin salpicar las hojas. Arránquela al llegar los primeros fríos, en cuanto las heladas resten atractivo a sus hojas.

Cultivada como anual; h.: 30 cm.

TEUCRIUM SP.

Teucrios

A dquiéralos por sus finas hojas aromáticas y aterciopeladas y su elegante floración. Se desarrollan igual de bien tanto en maceta como en el suelo.

SUS CONDICIONES IDEALES

> **Suelo:** prefieren un suelo bien drenado, neutro o calcáreo, incluso mediocre y muy pedregoso. En maceta, mezcle arena gruesa y tierra común a partes iguales, y añádala sobre una capa de 5 cm de trozos de cerámica.

> **Exposición:** al sol, protegida de las corrientes.

> **Rusticidad:** excelente en *Teucrium polium*, los demás teucrios deben protegerse en invierno.

> **Mantenimiento:** corte las flores marchitas y aproveche para dar una forma redondeada o de pequeño seto recto. Sus esquejes arraigan muy bien en verano.

Arbustos; h.: 30 cm-1 m; f. en verano.

UNA BELLA REDONDEADA
Teucrium fruticans (olivilla)

> **Con su porte redondo,** sus finos ramos gris claro, aromáticos, es perfecta para los setos libres o podados junto al mar, o para formar círculos de 1 m de ancho. Sus flores en forma de mariposas azul claro se escalonan en verano. Las de «Azureum» son azul oscuras. H.: 1 m.

Senecio cineraria

Teucrium fruticans

Borduras y cubresuelos nada exigentes

ACAENA MICROPHYLLA

Acaena

Su follaje azulado persistente, ondulado y recortado como el de un helecho bajo, y su fructificación en aquenios espinosos, de color óxido, son una maravilla en los jardines con rocas. Allí encuentra el suelo drenado pero rico y húmedo de las montañas de Nueva Zelanda, donde forma tapices tupidos. Si busca una planta mesurada, opte por *Acaena microphylla* «Kupferteppich»; si desea un tapiz muy cobertor, elija *A.* «Blue Haze», muy rastrera.

SUS CONDICIONES IDEALES

> **Suelo:** rico en humus, pero bien drenado y cubierto de grava, para facilitar que las plántulas arraiguen.
> **Exposición:** sol o semisombra.
> **Rusticidad:** perfecta en cualquier zona.
> **Mantenimiento:** el primer año, retire la hierba de alrededor de las plantas jóvenes; más adelante, si aparecen excesivos retoños, elimine una parte.
Vivaz; h.: 10-15 cm; fructificación en agosto.

ANTENNARIA DIOICA

Pie de gato

Atrae por sus ramilletes de flores de color pastel moteados de plateado sobre un fondo de hojas claras. Sus flores, blancas o rosadas, al marchitarse también poseen una textura de mica ligeramente fragante. Esta planta intrépida queda preciosa en muros secos, rocallas, macetas y macizos decorados con grava. La variedad «Rosea» es de un rosa más vivo que la especie tipo. En ocasiones, esta vivaz se propaga a través de semillas.

SUS CONDICIONES IDEALES

> **Suelo:** rico en humus, bien drenado.
> **Exposición:** obligatoriamente a pleno sol.
> **Rusticidad:** perfecta en un suelo filtrante; no obstante, hay que tener cuidado con la humedad invernal.
> **Mantenimiento:** corte las flores a finales de invierno. Divida los pies en primavera, cada 3 años, para mantenerlos densos y floríferos.
Vivaz; h.: 10-20 cm; f. en mayo-junio.

Acaena microphylla

Antennaria dioica

Aubrieta

Sus mantos de florecillas violetas anuncian el retorno del buen tiempo al cubrir el follaje gris verdoso, un poco rugoso y persistente, hacia finales de abril. Es la planta ideal para bordear un macizo soleado, florecer en lo alto de un murete o en un talud pedregoso. La floración de las variedades dobles, como «Bressingham Pink», de color rosa fucsia, o «Barker's Double», púrpura, es más prolongada (unos quince días) que la de las simples, que duran unos diez días. Como todas las vivaces, florecerá mejor si la divide y renueva la planta cada 3 años.

SUS CONDICIONES IDEALES
> **Suelo:** cualquier tierra de jardín bien drenada, incluso muy ligera.
> **Exposición:** obligatoriamente a pleno sol, ya que de lo contrario produce una floración dispersa.
> **Rusticidad:** perfecta.
> **Mantenimiento:** corte las flores marchitas con unas tijeras de podar para mantenerla bien compacta. En primavera, controle los ataques de pulguillas en los días soleados. Un buen riego basta para alejarlas.
Vivaz; h.: 10 cm; f. en abril-mayo.

Hortensias de invierno

Estas siberianas resisten no solo el frío más intenso, sino también una intensa sequía sin que sus grandes hojas, de un verde lacado, se inmuten. La primavera las doblega bajo sólidos ramos de flores de un color rosa vivo, purpúreas o, más raramente, de un blanco níveo. Pronto forman un tapiz persistente, salpicado de hojas vueltas que muestran su cara púrpura. Se desarrollan bien incluso en los muros viejos y las escaleras de piedra seca, y se conforman con lo más mínimo. Las hortensias de invierno híbridas son mucho menos resistentes a la sequía que *Bergenia cordifolia* y *B. crassifolia*.

SUS CONDICIONES IDEALES
> **Suelo:** humífero, fresco, pero bien drenado.
> **Exposición:** a pleno sol o en semisombra, evitando el calor intenso y la sequía.
> **Rusticidad:** excelente.
> **Mantenimiento:** limitado; acólchela en otoño y protéjala del hielo cubriéndola.
Vivaces; h.: 40 cm; f. en febrero-marzo.

Aubrieta x cultorum

Bergenia sp.

CALAMINTHA NEPETA

Calaminta de monte

Pese a su delicada floración, esta vivaz aromática de hojas redondas se ha convertido es ideal en los jardines secos, sin duda por su porte redondo y sus escasas exigencias. Por su sabor exquisito, entre menta y orégano, es una infusión apreciada. Recoléctela al comienzo de la floración, cuando su fragancia es más intensa. Esta ligera poda primaveral le proporcionará cuerpo y le permitirá renovar la floración durante todo el verano. Está fantástica bordeando macizos o en rocallas.

SUS CONDICIONES IDEALES

> **Suelo:** cualquier suelo bien drenado, incluso arenoso o calcáreo. Pero el primer año necesita mucha agua para arraigar bien, ya que puede morir por falta de riego.

> **Exposición:** necesariamente a pleno sol o perderá su aroma delicioso y florecerá menos.

> **Rusticidad:** perfecta. En las zonas frías no resiste la humedad invernal si no se planta en una tierra drenante. En este caso, plántela en maceta.

> **Mantenimiento:** elimine los tallos sin flor para que se mantenga compacta. Cada 3 años, renueve la plantación dividiendo los pies, ya que puede extenderse como un tapiz invasor y desnudarse.

Sufrútice; h.: 30 cm; f. en verano.

CYCLAMEN NEAPOLITANUM

Violeta de los Alpes

Es emblemática del final del verano, cuando inunda los sotobosques de florecillas malvas y blandas, extendiendo alfombras de hojas oscuras con motivos plateados diferentes en cada planta. Esta vivaz, capaz de sobrevivir a las condiciones más ingratas, con los años va creando un bulbo enorme, del tamaño de una hogaza de pan, que le ha valido el apodo de *pamporcino*. Cuando pierde la flor, aparecen grades bolas de semillas enrolladas en lo alto de los tallos, igualmente bellas, pero sus hojas desaparecen durante el verano.

SUS CONDICIONES IDEALES

> **Suelo:** plántela en primavera en una buena bolsa de mantillo bien preparado, en cualquier suelo.

> **Exposición:** florece mejor en la sombra que al sol; su medio natural es el sotobosque.

> **Rusticidad:** perfecta.

> **Mantenimiento:** ninguno. Retire las urnas de semillas a finales de otoño para que pueda sembrarlas a voleo, incluso en un terreno ya ocupado por una vivaz menos tapizante.

Vivaz; h.: 20 cm; f. de agosto a octubre.

Calamintha nepeta

Cyclamen neapolitanum

BORDURAS Y CUBRESUELOS NADA EXIGENTES

DELOSPERMA COOPERII

Delosperma

Sus margaritas de color magenta animan sus hojas cilíndricas lustrosas durante todo el verano, formando grandes tapices de colores vivos en jardines muy soleados. Pero esta intrépida africana no es invasora, a diferencia de la emparentada *Delosperma deschampsii*, actualmente considerada invasora en la costa mediterránea.

SUS CONDICIONES IDEALES

> **Suelo:** plántela en un suelo perfectamente drenado, incluso árido.
> **Exposición:** necesita estar a pleno soy, y florece mejor protegida del viento.
> **Rusticidad:** en un lugar seco hasta –8 °C, pero en zonas donde el invierno es húmedo, es mejor cultivarla en maceta e introducirla en una galería en invierno.
> **Mantenimiento:** en verano, riéguela abundantemente cada 15 días para estimular la floración; en invierno, deje que la tierra se seque entre dos riegos ligeros al pie de la planta.
Vivaz; h.: 15-20 cm; f. en verano.

IBERIS SP.

Carraspiques

Son las populares «canastillas de plata», que crean amplios lechos de florecillas blancas que bordean los macizos y las rocallas soleadas, y animan taludes pedregosos entre abril y junio con *Iberis muralis*, y hasta en otoño, en pequeñas oleadas, con *Iberis saxatilis*. Una vez marchitas las flores, se conserva una mata de hojas verdes, estrechas, lustrosas y persistentes.

SUS CONDICIONES IDEALES

> **Suelo:** es ideal cualquier tierra de jardín, incluso caliza, siempre que esté perfectamente drenada.
> **Exposición:** solo florecen en abundancia a pleno sol, preferiblemente protegidas de las corrientes de aire.
> **Rusticidad:** perfecta en todas las regiones.
> **Mantenimiento:** renueve las plantas dividiendo los pies cada 3 años, ya que pierden las hojas rápidamente. Plante en bolsas de mantillo preparado mezclado con el mismo volumen de grava; en un suelo arcilloso, cave un hoyo grande y cubra el fondo con piedras de gran tamaño.
Vivaces; h.: 15 cm; f. según las especies.

Delosperma cooperii

Iberis sp.

PORTULACA SP.

Verdolagas

Estas plantas trepadoras, durante mucho tiempo infravaloradas y que parecen desafiar los climas más áridos con su llamativa floración en tonos amarillos, rojos y rosas ácidos, vuelven a estar en boga. Se desarrollan bien tanto en el suelo como en maceta, y son estupendas para quienes se van de vacaciones en pleno verano, ya que no les importa nada la sequía. Es una anual que germina en primavera, florece, produce semillas y muere con las primeras heladas, pero se reproduce de manera abundante a través de semillas.

SUS CONDICIONES IDEALES

> **Suelo:** suelos compactados, incluso áridos y pobres.
> **Exposición:** a pleno sol o no producirá flores.
> **Rusticidad:** esta anual se suele reproducir por semillas en otoño, y sobrevive unos días a –10 °C.

Portulaca oleracea

> **Mantenimiento:** arranque las plantas marchitas en otoño y aproveche para recolectar semillas, ya que a esta rústica no le gusta que la trasplanten.
Anual; h.: 10-20 cm; f. en verano.

UNA BELLA VERDOLAGA DE FLOR
Portulaca grandiflora

> **Le dejará boquiabierto** cuando florezca a mediodía, a pleno sol, con numerosos colores vivos, salvo los azules, a ras del suelo. Es la planta ideal para suelos compactados, áridos e imposibles. Se vende en mercados, es muy económica y se propaga a través de semillas por todos los rincones soleados del jardín.

¿LO SABÍA?

La **verdolaga** *Portulaca oleracea* está para comérsela en sentido literal, ya que se degusta recién cortada, aliñada con unas gotas de zumo de limón, aceite de oliva y ajo picado fino. Es apreciada por su alto contenido en vitamina C, y sorprende por su textura singular más que por su sabor, a decir verdad más bien soso.

Portulaca grandiflora

SEDUM SP.

Uñas de gato

Estas bellas plantas resistentes se adaptan bien tanto a la arcilla pura como a los terrenos más áridos, y prosperan incluso con los jardineros más distraídos. Las uñas de gato pequeñas crecen bien en el suelo y en maceta, cuya superficie decoran sin compartir con sus compañeras. Sus flores en forma de estrellas más o menos grandes siempre se agrupan en ramilletes planos. Se multiplican rápidamente: en cuanto una rama toca el suelo, produce raíces. Un defecto es que sus tallos se rompen fácilmente, así que en el jardín donde se encuentran suelen brotar numerosas plántulas al azar. Todas son persistentes.

SUS CONDICIONES IDEALES

> **Suelo:** cualquier tierra buena de jardín bien drenada, con predilección por los suelos ligeros, incluso calcáreos y pedregosos.
> **Exposición:** preferiblemente al sol, pero la pimienta de muros florece bien a la sombra.
> **Rusticidad:** perfecta.
> **Mantenimiento:** corte las flores marchitas, ya que restan atractivo a la planta. Divídalas cuando quiera; para ello, plante esquejes en una tierra cavada, sin añadir compost. Riéguelas rociándolas si se acuerda, aunque de todos modos sobrevivirán sin su ayuda.
Vivaces; f. según las especies.

DOS BELLAS PEQUEÑAS (10 cm)
Sedum acre (pimienta de muros)
> Muy conocida por sus amplias umbelas repletas de grandes flores de color amarillo limón en lo alto de unos tallos con hojas largas y carnosas, recibe el curioso nombre de *pimienta de muros*. Es la planta ideal para llenar los huecos de un muro de piedra seca o para coronarlo con un alegre friso.
Sedum pachyclados
> Un tapiz de pequeñas alcachofas carnosas con hojas de un verde claro azulado. A principios de verano, una nube de ramos ligeros de florecillas blancas embellece este precioso *Sedum*, que está tan cómodo en maceta como en la tierra ingrata de un rincón árido del jardín.

DOS BELLAS GRANDES (40 cm)
Sedum spectabile «Brilliant»
> Por sus grandes ramilletes de un rosa vivo, su rusticidad a toda prueba y su floración, atractiva incluso marchita, es una de las mejores para acompañar la floración de *Aster* y las margaritas de otoño.
Sedum spectabile «Iceberg»
> Sus florecillas, semejantes a estrellas blancas como la nieve, reunidas en amplias umbelas de aspecto deshilachado, destacan claramente entre el follaje verde claro. Crean un gran efecto a pleno sol, sobre un tapiz de *Sedum pachyclados*, por ejemplo, cuyas pequeñas alcachofas tupidas tienen la misma tonalidad clara.

Sedum spectabile

Sedum acre

STACHYS BYZANTINA

Stachys

> **Mantenimiento:** cada 2 años, retire los estolones densos y plántelos en un terreno blando cada 20 cm. Vivaces; h.: 20 cm; f. de junio a octubre.

S us grandes hojas aterciopeladas le han valido en algunas zonas el nombre de oreja de liebre, y ciertamente tienen su tamaño y su suavidad. Su vellosidad gris claro ribetea muros de piedra seca y macizos de vivaces y rosales con una amplia bordura luminosa tanto en verano como en invierno. Su floración en altas espigas rosas algodonosas es admirable, pero hay que cortarlas en cuanto se marchitan, o la planta pierde sus hojas y con ello toda su belleza.

SUS CONDICIONES IDEALES

> **Suelo:** esta planta resistente se adapta sin muchos problemas a los peores suelos, desde los más arcillosos hasta los más áridos.

> **Exposición:** está soberbia a pleno sol o en semisombra, incluso expuesta al viento.

> **Rusticidad:** perfecta en cualquier zona, pero el invierno puede estropear sus hojas.

Stachys byzantina

Stachys permite crear borduras muy luminosas.

Tomillos

S us matas de hojas persistentes son más o menos bajas y más o menos anchas según las especies, pero todas poseen una intensa fragancia y perfuman el aire en cuanto el sol las calienta. Su floración rosada cubre las hojas y atrae a los insectos polinizadores de su alrededor. Les gustan los jardines soleados, pero muchos son muy sensibles a la humedad invernal, y no se cultivan bien en maceta. Las variedades variegadas y doradas muy pronto se tornan verdes.

SUS CONDICIONES IDEALES

> **Suelo:** terreno imperativamente bien drenado, incluso árido y más bien calcáreo.

> **Exposición:** obligatoriamente soleada; de lo contrario, estas vivaces no duran demasiado tiempo.

> **Rusticidad:** excelente en un lugar seco, mediocre si la planta está expuesta a la humedad.

> **Mantenimiento:** cada 3 años, renueve la planta en primavera, ya que tienden a extenderse y a clarear. Todas forman un gran número de acodos, lo que facilita su propagación.

Arbustos o sufrútices; h.: 5-20 cm; f. en verano.

CUATRO BELLOS

Thymus ciliatus

> **Sus hojas redondas de color verde** están recubiertas de un vello claro y gris. En zonas cálidas, forma bellas alfombras salpicadas de ramilletes rosados en julio, pero hay que evitar pisarlo, y reservarlo para cubrir el suelo alrededor de los árboles, por ejemplo. H.: 10 cm.

Thymus x citriodorus (tomillo limón)

> **Su follaje es redondo, menudo y raso.** Desprende un fresco olor a limón con solo rozarlo, y produce una floración pletórica en malva claro en junio. Forma amplias matas de 70 cm de anchura, exquisitas para bordear rocallas. Sus brotes tiernos, cuando se dejan secar, son estupendos en infusión. H.: 5 cm.

Thymus serpyllum (serpol)

> **Es espectacular cuando su floración rosa intenso** inunda su follaje. Se extiende rápidamente en matas

imponentes y, si bien tiene la ventaja de mantener una mata hermosa, es mejor limitar su crecimiento espontáneo cada 2 o 3 años en primavera. H.: 10 cm.

Thymus vulgaris (tomillo común)

> **Existe en multitud de variedades,** de hojas más o menos pequeñas y más o menos grises. El de matorral presenta unas minúsculas hojas grises, mientras que el tomillo llamado «De Paris» es verde oscuro. Ambos forman matas de 30 cm de anchura, pero tienden a perder hojas por la base, aunque los podemos regularlos para usos culinarios. H.: 20 cm.

Thymus ciliatus

Thymus x citriodorus

Las trepadoras resistentes

ARAUJIA SERICIFERA

Araujia

La masa de flores de color rosa asalmonado de esta trepadora exuberante desprende una fragancia intensa, tan atrayente para el hombre como para los insectos que atrapa entre sus cálices. Sus hojas caducas son de un verde mate. Salvo en la costa, se recomienda cultivarla en un recipiente, en una galería luminosa. En los verdaderos jardines de invierno, plantada en el suelo, puede llegar a ser gigantesca y a multiplicarse a través de semillas.

SUS CONDICIONES IDEALES

> **Suelo:** rico en humus, pero perfectamente drenado. En maceta, renueve la tierra cada año, a principios de primavera.

> **Exposición:** necesariamente a pleno sol, para gozar de su duradera floración.

> **Rusticidad:** si el suelo es seco y está bien drenado, soporta pequeñas heladas (–5 °C), pero durante los 3 primeros años es mejor introducirla en casa durante el invierno.

> **Mantenimiento:** cuidado con la araña roja; desaparece con un simple rociado.

Trepadora; h.: 3-5 m; f. de agosto a noviembre.

CAMPSIS SP.

Enredaderas de trompeta

Su vistosa floración amarilla o anaranjada, entre unas hojas lustrosas, anchas y recortadas en grandes folíolos dentados, proporciona colorido en verano.

SUS CONDICIONES IDEALES

> **Suelo:** están cómodas en suelos arcillosos y calcáreos.

> **Exposición:** protéjalas de las corrientes de aire.

> **Rusticidad:** resisten bien los inviernos rigurosos.

> **Mantenimiento:** arranque los retoños.

Trepadoras; h.: 3-5 m; f. en verano y otoño.

DOS BELLAS

Campsis grandiflora

> **Es la más espectacular,** con sus ramilletes redondos de grandes trompetas anaranjadas balanceándose en lo alto de largas lianas. Florece de julio a septiembre.

Campsis radicans «Mme Galen»

> **De color naranja ahumado caduco,** florece desde principios de julio. Es vigorosa y cubre 25 m² en 2 años.

Araujia sericifera

Campsis grandiflora

CLEMATIS SP.

Clemátides

L as trepadoras de inmensas corolas son las más populares, pero no las más apropiadas para un jardín con escaso riego. La presente selección reúne algunas bellas clemátides resistentes a la sequía; no obstante, sobre todo no deje de regarlas el verano después de plantarlas, ya que son muy vulnerables. Las trepadoras son algo difíciles de aclimatar en maceta; en cambio, las herbáceas se adaptan muy bien.

SUS CONDICIONES IDEALES

> **Suelo:** una buena tierra franca especial para jardín es perfecta.

> **Exposición:** *Clematis flammula* es la única que se adapta al pleno sol, todas las demás florecen mejor en semisombra. No se olvide de proteger el pie bajo una capa de tejas, que la mantendrá húmeda en verano y protegida del frío en invierno.

> **Rusticidad:** proteja las clemátides bajo una capa de hojarasca de 10 cm de grosor durante los 2 primeros inviernos.

> **Mantenimiento:** pódelas en cuanto caiga la flor, a 50 cm del suelo si desea que adquieran volumen, o bien deje que actúe la naturaleza. Las clemátides de flores pequeñas presentadas aquí son indemnes al virus que mata las de grandes corolas, para el que no hay remedio.

Vivaces o trepadoras; h.: 1-5 m; f. según las especies.

DOS BELLAS HERBÁCEAS

Clematis heracleifolia

> **Su porte en ramillete abierto es gracioso,** con un bello follaje vivo y recortado, y tallos muy verdes. A comienzos de verano, cada tallo es coronado por un ramo aéreo de largas campánulas azules de suave fragancia, lo que es raro entre las clemátides. H.: 1 m.

Clematis recta

> **Es una bella planta flexible,** a la que le gusta introducirse entre arbustos para florecer con ramilletes de flores muy perfumadas y de color crema, realzados por los brotes tiernos púrpura en la variedad «Purpurea».

Florece de principios de verano hasta otoño, cuando le suceden unas borlas sedosas. H.: 1-2 m.

DOS BELLAS TREPADORAS

Clematis flammula (flámula)

> **Sus ramos de flores estrelladas de color crema, de suave aroma a almendra amarga,** florecen de agosto hasta finales de verano, cubriendo su follaje ondulado, ligeramente coriáceo y casi persistente. Esta habitual de los viñedos y las laderas secas de las zonas cálidas prefiere el sol y los terrenos calizos; en zonas más bien frías, resérvele un lugar protegido y un suelo bien drenado. H.: 2 m.

Clematis montana

> **Esta gigante es capaz de envolver árboles** bajo un mar de corolas rosas similares a anémonas japonesas. Puede plantarla en la sombra, siempre que disponga de un soporte para deslizarse hacia la luz. Durante los 2 primeros años después de plantarla apenas crece, pero más adelante quizás deberá podarla después de la floración, en primavera, para limitar su vigor. H.: 3-5 m.

Clematis flammula

LONICERA SP.

Madreselvas

Las madreselvas gustan por su aroma inolvidable, pero cuidado, ¡no todas lo tienen! Estos arbustos de crecimiento rápido necesitan un soporte para desarrollarse a sus anchas; de lo contrario, domina un crecimiento desordenado. No obstante, un simple enrejado –unos hilos tensados cada 30 cm– es suficiente para cubrir en un verano de 1 a 3 m², proporcionando una climatización natural a las fachadas y transformando cualquier reja en un tapiz floral.

SUS CONDICIONES IDEALES

> **Suelo:** cualquier terreno, pero en suelo árido no deje que les falte agua a estas plantas originarias de sotobosques y márgenes.

> **Exposición:** son más floríferas y perfumadas a pleno sol, pero también crecen muy bien en semisombra.

> **Rusticidad:** perfecta en la mayoría de ellas; es reducida a –10 °C en el caso de *Lonicera* x *tellmanniana*.

> **Mantenimiento:** corte los tallos que sobresalen para que las matas se mantengan densas al cesar la floración, o rápidamente caerán las hojas. Todas las madreselvas se reproducen muy bien por esquejes.

Trepadoras; h.: 1,50-5 m o más; f. según las especies.

DOS BELLAS PERSISTENTES

Lonicera japonica «Halliana»

> Sus hojas claras, mates y afieltradas son persistentes, iluminadas desde principios de verano hasta pleno invierno por multitud de flores crema con aroma a jazmín. Sus largos tallos flexibles se acodan en cuanto tocan el suelo, formando impresionantes arbustos invasivos en suelos húmedos, en particular en la sombra, donde la verá colonizar los arbustos de su alrededor, que ahogará, si usted no lo evita. H.: 5 m o más.

Lonicera sinensis

> Se reconoce por sus hojas broncíneas, en punta, y sus flores rosas, suavemente perfumadas a comienzos de verano, ya que su floración solo dura un mes aproximadamente. Dado su carácter moderado, se adapta bien a las macetas grandes (40 cm) en una terraza soleada, pero en este caso hay que podarla cada verano, al final de la floración, para que se mantenga compacta, o perderá las hojas por la base, lo que restará atractivo a su porte. H.: 2-3 m.

DOS BELLAS CADUCAS

Lonicera periclymenum «Belgica»

> Es similar a la madreselva común, tiene unas hojas redondas y azuladas, caducas, de las que surgen brotes púrpuras. Es más precoz que las persistentes, suele empezar a florecer en abril, perfumando el aire con multitud de flores rosas y crema. Florece varias veces hasta las primeras heladas. La floración otoñal es particularmente bella cuando vuelven las lluvias a finales de verano. Cabe señalar que su ramaje denso pero ligero filtra muy bien el viento. H.: 1,50 m.

Lonicera hildebrandiana

> ¡La más espectacular! Sus grandes trompetas, de hasta 15 cm, varían de tono, del crema al dorado. Se renuevan durante todo el verano, seguidas por grandes bayas rojas translúcidas. Es semipersistente, sensible al frío y requiere una ubicación luminosa y protegida. Su crecimiento es bastante lento durante los 2 años después de plantarla, pero más tarde tiene un gran vigor. H.: 5 m.

Lonicera x *tellmanniana*

Jazmín azul

Plumbago auriculata

Este arbusto tupido, de hojas persistentes, se convierte en trepador si se le ofrece el menor soporte y si el sol calienta. En este caso, lo ideal es cultivarlo en maceta junto a una fachada muy soleada, resguardado bajo el balcón superior. La especie tipo es de color azul pálido; «Azur» es celeste. Ambos pueden alcanzar 3 m de altura. El blanco, «Alba», es el más pequeño, y apenas supera 1,50 m.

SUS CONDICIONES IDEALES

> **Suelo:** tan solo necesita una tierra de jardín de calidad, y que le añada una palada grande de mantillo preparado al plantarlo.

> **Exposición:** florece mejor a pleno sol y, si es posible, protegido del viento.

> **Rusticidad:** –5 °C en un lugar seco. En las zonas donde el invierno es húmedo y frío, colóquelo bajo un tejadillo antes de las primeras heladas.

> **Mantenimiento:** en verano, riéguelo copiosamente una vez por semana (10 litros por planta); en invierno, deje que la tierra se seque antes de volver a regarlo.

Arbusto o trepadora; h.: 1-3 m; f. de junio a octubre.

Una exquisita tonalidad azul claro sobre un follaje verde mate.

Direcciones útiles

Ecoplantas
San Luis 5, local
41003 Sevilla
Tel. 954 903 889
Botánica sostenible creativa

Plantas europeas
Ctra. Andalucía, km. 42,5
28300 Aranjuez
Tel. 918 925 216
www.plantaseuropeas.es
Plantas mediterráneas e italianas

Cultidelta
Ctra. Vella Amposta-Freginals, km 2,2
43870 Amposta (Tarragona)
Tel. 977 053 013
www.cultidelta.com
Plantas autóctonas

Bioriza
Ctra. Borgonyà -Orriols, km 1,9
17844 Cornellà del Terri (Girona)
Tel. 972 595 010
www.bioriza.net
Plantas autóctonas de la península Ibérica y plantas adaptadas al clima mediterráneo

Plantas Quiles
Garden Getafe:
Ctra. Madrid-Toledo, km 15,5
Getafe (Madrid)
Tel: 91 696 34 38

Garden Toledo:
Ctra. Toledo-Mocejón, km 2,8
B.º de Azucaica (Toledo)
Tel: 925 227 102
www.plantasquiles.es/centros-de-jardineria.htm
Plantas autóctonas, mediterráneas y de escaso riego

Morenoplant
Corbera, 19
46688 Polinyà de Xúquer (Valencia)
Tel. 962 973 452
www.morenoplant.com
Cipreses, plantas aromáticas y mediterráneas

Jardinería Garden, S.L.
Gatzarrine, 67 – Sopelana
48600 Bizkaia
Tel. 609 779 527
www.mvgarden.com
Xerojardinería y jardinería tradicional

Índice

*Los números en **negrita** remiten al catálogo de plantas.*

Créditos fotográficos